Mirjam Justinger

Echte Freiheit braucht Abhängigkeit

Mirjam Justinger

Echte Freiheit braucht Abhängigkeit

Seine Freiheit findet der Mensch nur, wenn er sich in die Abhängigkeit der wahren Freiheit begibt!

Fromm Verlag

Impressum/Imprint (nur für Deutschland/ only for Germany)
Bibliografische Information der Deutschen Nationalbibliothek: Die Deutsche Nationalbibliothek verzeichnet diese Publikation in der Deutschen Nationalbibliografie; detaillierte bibliografische Daten sind im Internet über http://dnb.d-nb.de abrufbar.

Coverbild: www.ingimage.com

Contact:
International Book Market Service Ltd., 17 Rue Meldrum, Beau Bassin, 1713-01 Mauritius
Website: www.bookmarketservice.com
Email: info@bookmarketservice.com

Gedruckt in: USA, UK, Deutschland. Dieses Buch wurde nicht in Mauritius produziert.

Imprint (only for USA, GB)
Bibliographic information published by the Deutsche Nationalbibliothek: The Deutsche Nationalbibliothek lists this publication in the Deutsche Nationalbibliografie; detailed bibliographic data are available in the Internet at http://dnb.d-nb.de.

Cover image: www.ingimage.com

Contact:
International Book Market Service Ltd., 17 Rue Meldrum, Beau Bassin, 1713-01 Mauritius
Website: www.bookmarketservice.com
Email: info@bookmarketservice.com

Printed in: U.S.A., U.K., Germany. This book was not produced in Mauritius.

ISBN: 978-3-8416-0320-3

Inhaltsverzeichnis

Einleitung

Diese Arbeit will aufzeigen, warum sich der Gemeinde Jesu Christi, dem christlichen Glauben und dem damit verbundenen biblischen Freiheitsverständnis in Deutschland neue gestalterische und missionarische Freiräume eröffnen. Es wird dargelegt, wie sehr sich der gegenwärtige Mensch nach einer transzendenten, einer frei machenden, übernatürlichen Erfahrung sehnt, die über seine Wirklichkeit hinausgeht. Außerdem wird die Suche nach einer Identität sichtbar, wie sie der christliche Glaube in Jesus Christus offenbart und geben kann. Die Frage nach dem Sinn des Lebens wird neu gestellt.

Diese gesellschaftliche Sehnsucht ist das Ergebnis einer kulturellen Veränderung. Aus diesem Grund wird der mentale Veränderungsprozess im Denken und in den Einstellungen des Menschen zu sich und zu seinem Umfeld vom europäischen Mittelalter bis in die Gegenwart des 21. Jh.s hinein untersucht.

Die Arbeit gliedert sich in drei Bereiche:

Der erste Teil der Arbeit betrachtet den kulturhistorischen Hintergrund, ausgehend vom europäischen Mittelalter bis zur Epoche der Aufklärung. Es werden die geistigen Grundlagen für den kulturellen Veränderungsprozess herausgearbeitet.

Es wird aufgezeigt, dass die Philosophen der Aufklärung und die Wissenschaftler eine Revolution in Gang setzten, die die bis dahin bestehende Gesellschaft in ihrem Denken und schließlich in ihrem Handeln vollständig veränderte. Sie wurden zu neuen geistigen Vätern für eine neue Kultur. Naturgegebene Zusammenhänge wurden erklärbar, das Denken eigenständiger und obrigkeitsunabhängiger. In der persönlichen Freiheit des Geistes wurde die Chance gesehen, das eigene Lebensglück durch persönliche Individualität und Wohlstand zu formen.

Philosophische Strömungen, Konfessionsbildungen in der westlichen Kirche und eine zunehmend einsetzende Globalisierung veränderten das damalige Weltbild. Es wurden die Weichen für eine neue Kultur gestellt, die einen modernen Menschen formten.

Der Hauptteil der Arbeit betrachtet die Begriffe „Freiheit“ und „Glaube“. Der Freiheitsbegriff und das Freiheitsverständnis werden im Blick auf verschiedene kulturelle Ebenen und den damit verbundenen alltäglichen Lebensfeldern des Menschen dargestellt und diskutiert. Es wird aufgezeigt, welches Maß an persönlicher Freiheit der Mensch erlangt hat, und welche Konsequenzen sich aufgrund dieses Individualisierungsprozesses für den Einzelnen und letztlich für die Gesellschaft des 21. Jh.s ergeben haben.

Der dritte und abschließende Teil betrachtet die Gesellschaft des ausgehenden 20. und beginnenden 21. Jh.s. Es wird aufgezeigt, dass eine die Gesellschaft durchziehende neue Sehnsucht nach Transzendenz und ein dringendes Bedürfnis nach Gemeinschaft und Identität entstanden sind.

Die Suche nach Identität und Transzendenz sind die notwendige Voraussetzung für die Annahme der befreienden Wahrheit des Evangeliums Jesu Christi.

Es wird herausgearbeitet, dass das Bedürfnis nach einer frei machenden Wahrheit, dem Evangelium Jesu Christi, aktueller denn je erscheint. Denn es braucht einen (neuen) Weg, eine Richtung und einen Halt in einer pluralistisch und individualistisch gewordenen Welt, in der die Menschen eine klare und eindeutige Lebensorientierung verloren haben.

Der Mensch sucht eine neue wahrhaftig frei machende Perspektive, die jenseits seiner durch Macht, wissenschaftliche Erkenntnisse und Geld erlangten Vorstellungskraft liegt: eine ewige und jenseitige Himmelreichperspektive.

Hier kann die Gemeinde Jesu Christi mit ihrer Botschaft in der Gesellschaft neuen Raum einnehmen und missionarische Akzente setzen.

Diese Arbeit erhebt nicht den Anspruch auf detaillierte Vollständigkeit einzelner Epochen, sie möchte vielmehr Zusammenhänge aufzeigen, entscheidende Weichenstellungen in der Kultur aufdecken und diese miteinander verbinden.

These: Echte Freiheit braucht Abhängigkeit

Das mittelalterliche, gesellschaftliche System gab dem Einzelnen einen konkreten, traditionellen, aber auch sehr dogmatisch einengenden Lebensrahmen vor. Staatliche Macht und geistliche Macht waren eng miteinander verbunden.

Es erwuchs eine Sehnsucht nach Veränderung der bestehenden mittelalterlichen Systeme. Einzelne Gruppen und Menschen strebten nach Unabhängigkeit und freiheitlicher Selbstbestimmung. Diese Freiheitsbestrebung, die zunächst nach dem wahren Glauben und der Wahrheit über Gottes Einstellung zu den Menschen suchte, führte dazu, dass sich der Mensch in sich verlor. Er wurde abhängig von seinen eigenen Erkenntnissen, Gedanken, Gefühlen und seinen Umständen.

In der Entdeckung und Entwicklung eines neuen Selbstwertes wurde der bisher durch Staat und Kirche gesetzte persönliche Lebensrahmen zunehmend zu einem geistlichen Korsett. Diese Einengung hinderte den einzelnen Menschen, sein persönliches Selbst zu entfalten. Der Mensch befreite seinen Geist und sein Denken von den geistlichen Dogmen und traditionellen Zwängen. Er erkannte sein Potential an Selbstbestimmung und entwickelte seine Fähigkeit zur Gewinnung eigener Erkenntnisse. Er lehnte die verurteilende Macht der kirchlichen Institution und ihren religiösen Absolutheitsanspruch ab. Aus einem neuen persönlichen Selbstbewusstsein heraus befreite er sich in einem zweiten Schritt von staatsrechtlichen, die Privatsphäre bestimmenden Autoritäten und Abhängigkeiten. Diese Entwicklungen führten zu einem nicht enden wollenden Anspruch nach Selbstbestimmung, der nahezu jegliche geistliche und weltliche Autorität ablehnte. Sie führte auch zu einer Ablehnung Gottes.

Der moderne Mensch reduzierte Gott zunächst auf ein Etwas, das lediglich den Ursprung ermöglichte, oder ein Etwas, was zumindest in völliger Unabhängigkeit zum menschlichen Dasein stand. Er glaubte lediglich an sich selbst und seine eigene Kraft. Er wurde sich selbst Gott, von sich selbst abhängig.

Diese individuelle Göttlichkeit wuchs langsam aber stetig und durchdrang zunehmend alle Lebensbereiche: Selbstbestimmende Freiheit im Denken, Freiheiten im Handeln und Mitbestimmen durch demokratische Staatsformen, exponentiell anwachsende Wissensvermehrung durch globale Netzwerke, technischer Fortschritt und einer scheinbar alles akzeptierenden gesellschaftlichen Toleranz, die gegenwärtig jeglichen Ethos zu zerstören droht.

Der Mensch hatte sich letztlich nicht nur aus dem traditionell-dogmatischen Korsett befreit, sondern von Gott selbst losgesagt. Er entwickelte seinen Lebensweg aus *seinen eigenen* Erkenntnissen und *seinem* Willen heraus. In keiner vorangegangenen Zeit erreichten Wissen und Erkenntnis der Menschen eine solche Hochzeit. Die letzten Jahrhunderte der Neuzeit, im Engeren die Zeit der Moderne, sind für mich eine besondere Blütezeit des Baumes der Erkenntnis von Gut und Böse. Sie ist gekennzeichnet durch ein zunehmendes, gottloses Streben des Menschen nach dem *eigenen* Erkennen, Erfahren, Erfühlen und der Bestimmung darüber, was für ihn gut und richtig ist, oder auch nicht, unabhängig von einer höheren, übernatürlichen Macht. Diese Entwicklung führte den Menschen jedoch nicht in eine glückselige Freiheit hinein, sondern in eine innerweltliche Isolation, einer Gefangenschaft im persönlich begrenzten, menschlichen Sein. Diese persönliche Isolierung führte zu sozialer Einsamkeit und einer zunehmenden Zukunftsangst.

Diese Arbeit zeigt auf, dass der Mensch in seinen Bestrebungen nach Unabhängigkeit und individueller Freiheit nicht wirklich frei geworden ist, sondern in eine neue Abhängigkeit zu sich selbst, seinen Gefühlen und seinen Umständen hineingeraten ist. Der Mensch neigt deshalb zu einer Abhängigkeit, weil er nicht für eine losgelöste Individualität geschaffen wurde. Er wurde als Ebenbild Gottes geschaffen. Gott selbst ist ein zutiefst auf Gemeinschaft in Einheit angelegtes Wesen. Der Mensch wurde in einer Einzigartigkeit erschaffen, die nicht in einer isolierten, auf persönlichen Bedürfnissen ausgerichteten Individualität enden sollte, sondern in einer einzigartigen Verbundenheit mit dem Schöpfer selbst. Der Mensch hat jedoch Gott im Blick auf sich selbst, auf das menschlich Erklärbare und Machbare reduziert und damit die Möglichkeit der Erfahrbarkeit einer übernatürlichen Gottesbegegnung verloren. Es braucht eine neue echte Begegnung mit Gott. Nur in der Verbindung und einem tiefen Vertrauen zu Gott und der damit akzeptierten geistlichen Abhängigkeit zu Gott kann der Einzelne eine wahrhaftige Freiheit real erleben: Echte Freiheit braucht Abhängigkeit.

1 Kulturhistorische Grundlagen für die Moderne

1.1 Sinnbildung des Menschen innerhalb kultureller Rahmenbedingungen

Der Mensch wird in eine bestimmte Familie, eingebettet in einem gesellschaftlichen und kulturellen Rahmen, hineingeboren. Der Rahmen des Verstehens und des Verstandenwerdens bildet sich aus den naturgegebenen (z. B. geographischen), den gesellschaftlichen und kulturellen Gegebenheiten und letztlich aus den individuellen Umständen heraus.[1] In der Untersuchung verschiedener kultureller Gruppen von Menschen finden sich Unterschiede im Fühlen und Handeln. Jedoch gibt es „keine wissenschaftlichen Normen, anhand derer man eine Gruppe als an sich einer anderen Gruppe überlegen oder unterlegen einstufen könnte."[2] Die Kultur wird relativ. Den Kern jeder Kultur bilden die Werte.[3] Darunter versteht man „die allgemeine Neigung, bestimmte Umstände anderen vorzuziehen"[4].

Daraus lässt sich schließen, dass das persönliche Lebensumfeld maßgebend für die Entwicklung des persönlichen Denkens und Handelns ist. Geert Hofstede spricht von „Kulturebenen"[5] im Lebensumfeld des Menschen. Diese Ebenen beinhalten Worte, Bilder, Objekte, besondere, die Kultur prägenden Persönlichkeiten, kollektive Tätigkeiten und im Kern die Werte, die die einzelnen Ebenen in ihrem praktischen Tun durchdringen. Die Werte helfen dem Einzelnen in seiner persönlichen Orientierung und geben ihm eine bestimmte Richtung im Leben vor. In Anlehnung an Geert Hofstede soll Kultur wie folgt definiert werden: „Die kollektive mentale Programmierung, die die Mitglieder der einen Gruppe oder Kategorie von Menschen von einer anderen unterscheidet."[6] Entscheidend hierbei ist m. E. der Ausdruck „mental": das Denken, den Geist und den Verstand betreffende Element im menschlichen Sein. Der Mensch wird stets durch Einflüsse geprägt und geführt, die in einem ersten Schritt sein Bewusstsein, sein Denken, sein Empfinden und in einem letzten Schritt sein Handeln bestimmen.

Der gegenwärtige, postmoderne, Mensch kann nur in der Darstellung und Betrachtung der Entwicklung des geistig-kulturellen Lebens des modernen Menschen ver-

---

[1] Michael Klessmann, *Pastoralpsychologie: Ein Lehrbuch*, Neukirchen-Vluyn: Neukirchener Verlag, 2004, 82.

[2] Geert Hofstede, *Lokales Denken, globales Handeln: Kulturen, Zusammenarbeit und Management*, München: Verlag C.H. Beck, 1997, 6.

[3] Geert Hofstede, *Lokales Denken, globales Handeln*, 8.

[4] Geert Hofstede, *Lokales Denken, globales Handeln*, 9.

[5] Geert Hofstede, *Lokales Denken, globales Handeln*, 8.

[6] Geert Hofstede, *Lokales Denken, globales Handeln*, 401.

standen werden. Die „Moderne“ bezeichnet einen Umbruch in allen Lebensbereichen gegenüber der Tradition. Eine zeitlich exakte Epochenabgrenzung vom Mittelalter zur neuzeitlichen Moderne gibt es nicht. Wissenschaftler sprechen von einer „Schwellenzeit des Übergangs“, die von der Mitte des 15. Jh.s bis Mitte des 16. Jh.s reicht.[7]

Die Moderne, als ein Ausdruck für etwas Neues und Anderes, setzt in den unterschiedlichen kulturellen Ebenen mit den dort beginnenden Veränderungen an. Die Veränderungen äußern sich in ihrer Gegensätzlichkeit zum mittelalterlichen Denken und Handeln. Die Moderne wird in ihrem Beginn und ihrer Entwicklung in verschiedenen Facetten diskutiert und betrachtet. Im Schwerpunkt zu nennen sind: „Moderne im Sinne der Aufklärung“[8], eine „Ästhetische Moderne“[9] der Kunst und Literaturgeschichte, eine „Moderne als Emanzipation der Menschen, als Hermeneutik des Sinns“[10] und auch eine „Moderne der Industrialisierung“[11]. Die Reflexion auf die Erschütterung traditioneller Werte bildet aber weitgehend den Kern aller Theorien zur Moderne.[12] Max Weber spricht zusammenfassend vom „Polytheismus der Werte“[13]. Die Kultur erfuhr in ihren Ebenen eine Modernisierung. Diese wurde ausgehend vom vernünftigen und einem zu freien und eigenen Entscheidungen befähigten Menschen auf der Grundlage neuer Werte aufgebaut. Diese neuen Werte, die die Sehnsucht nach einer persönlichen Freiheit und dem persönlichen Glück stillen sollten, hatten die Intension das Leben im wahrsten Sinne des Wortes *lebenswert* zu machen.

Der Ausdruck „Postmoderne“ wurde erstmals in England in der Kunstkritik 1870 verwendet. 1960 tauchte er in der Literaturkritik in den USA auf. Erst 1969 wurde der Ausdruck populär. Er wurde in seinem Beginn und seiner Bedeutung für die Gesellschaft vielfältig diskutiert. Eine scharfe Abgrenzung zur Moderne ist nicht möglich oder wirklich sinnvoll. Der Philosoph Jean-Francois Lyotard (1924-1998) führte hierzu aus: „Die Postmoderne situiert sich weder nach der Moderne noch gegen sie.

---

[7] Zitat des Berliner Historikers Heinz Schilling, abgedruckt bei: Der Spiegel, *Geschichte: Die Geburt der Moderne. Zeitenwende um 1500. Als die Welt sich neu erfand,* Nr. 5 in 2009, SPIEGEL-Verlag Rudolf Augstein GmbH & Co. KG, 2009, 20.

[8] Wolfgang Welsch, *Unsere Postmoderne Moderne,* 6. Auflage, Berlin: Akademie Verlag GmbH, 2002, 47.

[9] Wolfgang Welsch, *Unsere Postmoderne Moderne,* 47.48.

[10] Wolfgang Welsch, *Unsere Postmoderne Moderne,* 47.

[11] Wolfgang Welsch, *Unsere Postmoderne Moderne,* 47.

[12] Wolfgang Welsch, *Unsere Postmoderne Moderne,* 17.137.

[13] Zitat von Max Weber, abgedruckt bei: Wolfgang Welsch, *Unsere Postmoderne Moderne,* 189.

Sie war in ihr schon eingeschlossen, nur verborgen.“[14] Wolfgang Welsch, ein Postmodernenforscher, schrieb hierzu:

> „Unsere postmoderne `Moderne` meint eine Moderne, welche gerade die Motive, die unter dem Stichwort Postmoderne ins Bewusstsein gerückt sind, entschieden aufnimmt und sich dadurch kritisch von allen vorausgegangenen Versionen von Moderne unterscheidet.“[15]

Den Entwicklungsprozess der Moderne forcierten maßgebende Denker der Philosophie und Wissenschaft. Sie waren auf der Suche nach einer „universellen Beschreibung der Welt. Für sie gab es nicht mehrere Wahrheiten, sondern nur eine“[16].

Die kulturelle Wandlung des Menschen zu einem Menschen im Sinne der Moderne wird vom ausgehenden europäischen Mittelalter betrachtet.

Bis zur Epoche der Aufklärung und dem Beginn neuerer Zeiten, der Moderne, prägten als entscheidende kulturelle Parameter die kirchlichen und weltlichen Herrschaftssysteme: Sprache, Bildung, Kunst und Moral. Vorbilder und Werte wurden vorwiegend aus diesen elitären und religiösen Systemen vorgegeben. Daran orientierte sich das Denken und Handeln der Menschen jener Zeit bis ins 15. Jh. hinein.[17] Da die europäische Kultur stark von christlichen Werten und Normen durchzogen war, sprach man vom christlichen Abendland.[18]

Ab dem 15. Jh. gab es unterschiedliche Zäsuren in der europäischen Geschichte, die das gesamte Weltbild, das Bild des Menschen und die Einstellungen zu der vorherrschenden kirchlichen Institution, ihrer Traditionen und Dogmen, entscheidend veränderten. Im Wesentlichen können drei geschichtliche Ereignisse als Weichenstellungen für die moderne Entwicklung benannt werden:

(1) Osmanische Eroberung Konstantinopels – dem heutigen Istanbul, 1453:

Die hohen Verluste und Rückschläge führten zur Demoralisierung der Kreuzritter. Das europäische Christentum hatte nahezu drei Jahrhunderte lang versucht, durch seine Kreuzzüge die islamische Religion aus Vorderasien zu vertreiben. In diesen Kämpfen hatte Istanbul die Funktion eines Vorpostens. Nach der Eroberung Istanbuls musste die Herrschaft des Islam in diesem Teil Asiens vollständig von der

---

[14] Zitat von Jean Francois Lyotard, abgedruckt bei: Wolfgang Welsch, *Unsere Postmoderne Moderne*, 82.

[15] Wolfgang Welsch, *Unsere Postmoderne Moderne*, XVIII.

[16] Ron Kubsch, *Die Postmoderne: Abschied von der Eindeutigkeit*, Thomas Schirrmacher (Hrsg.), Holzgerlingen: Hänssler Verlag, 2007, 27.

[17] Armin Sierszyn, *2000 Jahre Kirchengeschichte, Reformation und Gegenreformation, Band 3*, 4. Auflage, Holzgerlingen: Hänssler Verlag, 2007, 16.17.

[18] Gerhard Schulz, *Die Sünde. Das schöne Leben und seine Feinde*, Wien: Carl Hanser Verlag München, 2006, 139.

christlichen Welt akzeptiert werden. Die Eroberung Istanbuls war für die Muslime der Anfangspunkt einer gegenüber Europa gewonnenen Überlegenheit, die lange Jahre andauerte.[19]

Dieses Ereignis prägte die geistige Renaissance entscheidend mit. Nach der Eroberung wanderten viele byzantinische Philosophen und Künstler vor allem nach Rom aus und nahmen sehr wertvolle alte Handschriften mit. Diese Personen spielten eine wichtige Rolle für die Rückkehr der klassischen griechischen Kultur, sowie deren philosophische Ansätze in das europäische Denken.[20]

Kurze Zeit später begann in Europa die Renaissance. Unter ihrem Einfluss wurde die Weltanschauung des Humanismus tief in das europäische Denken des Menschen eingeführt. Durch den Humanismus und die Gedanken der Aufklärung erhielt der Mensch eine andersartige Sichtweise über sich selbst. Sie eröffnete ihm einen neuen Blick für sich selbst und führte ihn in eine bisher nicht da gewesene persönliche Freiheit in seinem Denken für sein Handeln. Diese Veränderungen wirkten sich auf den christlichen Glauben und das Religionsverständnis aus.[21]

(2) Entdeckung und Eroberung neuer Kontinente:

Ein weiteres geschichtlich bedeutendes Ereignis war die Entdeckung neuer Kontinente, beginnend mit Amerika 1492. Neue Kulturen und Religionen nahmen dem Christentum Schritt um Schritt seine Sonderstellung, verstärkt durch wissenschaftliche Neugier und Weiterentwicklungen. Die christliche Kultur war nicht mehr einzigartig, die Kultur wurde relativ und zunehmend vielfältiger.[22]

(3) Reformation und Konfessionsspaltungen:

Schließlich veränderte die Reformation Martin Luthers die Geschichte der Kirche. Die reformatorischen Ereignisse können als eine Initialzündung für eine Veränderung der kulturellen Rahmenbedingungen jener Zeit angesehen werden:

„Die religiöse Geschlossenheit des christlichen Abendlands wurde gesprengt.“[23]

Überregionalität und Internationalität veränderten das Denken des Menschen. Die bisherige Deutung der Welt, die Rolle des Einzelnen in ihr und die Sicht auf die Gesellschaft sollten eine entscheidende, die gesamte Kultur tief verändernde Entwick-

---

[19] Martina Hartmann, *Mittelalterliche Geschichte studieren*, 2. Auflage, Konstanz: UVK Verlagsgesellschaft mbH, 2007, 91.

[20] Theodor Brandt, *Basiswissen Kirchengeschichte, Kirche im Wandel der Zeit*, 1. überarbeitete Auflage und ergänzte Taschenbuchauflage, überarbeitet von Peter Schule und Jürgen Tibusek, R. Wuppertal: Brockhaus Verlag, 1999, 243.366.

[21] Theodor Brandt, *Basiswissen Kirchengeschichte*, 242.143.

[22] Theodor Brandt, *Basiswissen Kirchengeschichte*, 365.366.

[23] Der Spiegel, *Geschichte: Die Geburt der Moderne*, 20.

lung erfahren. Die oben genannten geschichtlichen Zäsuren hatten dem Universalismus Grenzen gesetzt, die sich auf die gesamte Geisteshaltung auswirkten. Zweifel an den Lehren und Sichtweisen der Kirche breiteten sich aus. Im ausgehenden Mittelalter wurde von der „veritas catholica“ gesprochen, die das Glaubensgut, die Lehren der Kirche, bündelte.[24] Andere Geistesbewegungen traten in Konkurrenz zu den vorherrschenden katholischen Wahrheiten und Traditionen.[25]

Im Denken der Menschen entwickelte sich ein neues *Selbstverständnis* und damit verbunden ein neuer *Selbstwert.* Man war bereit für einen lebensverändernden Aufbruch.

Allen voran suchten die Philosophen und die ersten Wissenschaftler jener Zeit nach einer die Welt erklärenden Wahrheit. Diese Wahrheit sollte eine neue innere Freiheit eröffnen, die den Menschen von den mit Angst aufrecht erhaltenen autoritären Machtstrukturen jener mittelalterlichen Zeit befreien sollte. Ein neues Selbstbewusstsein verlangte Raum für Eigenständigkeit und Eigenbestimmung, was sich an inneren und äußeren Freiheitsbestrebungen verdeutlichte. Es bedurfte einer Veränderung bisher prägender Rahmenbedingungen, die durch die Kirche, dem absolutistischen Staat und den damit verbundenen Strukturen und Einstellungen zu Literatur, Wissenschaft und Bildung, vorgegeben waren. Die Veränderungen hatten zum Ziel, einen wahren Glauben, verbunden mit einer rational-naturwissenschaftlichen Beweisbarkeit über das menschliche Sein, zu finden. Die Wahrheit(en) über das menschliche Sein konnte(n) folglich nur wahrhaftig sein, wenn sie vom menschlichen Verstand als solche definiert und ergriffen werden konnten. Die Forscher der Renaissance glaubten kraft ihrer eigenen Vernunft und Erkenntnis, nicht nur die Erde, sondern auch den gesamten Kosmos ergründen zu können. Waren es im Mittelalter noch die theologische Doktrin und biblische Offenbarung, die als wichtigster Weg zur Erkenntnis angenommen wurden, so nahmen die Vernunft und das menschliche Wissen diese Funktion Schritt um Schritt ein.[26]

Die Moderne wurde geprägt von einem zunächst unaufhaltsamen Fortschritts*glauben.*[27] Die Menschen wollten nicht einfach nur das glauben, was ihnen gesagt wurde,

---

[24] Hubert Filser, *Dogma, Dogmen, Dogmatik: eine Untersuchung zur Begründung und zur Begründung und Entstehungsgeschichte, einer theologischen Disziplin von der Reformation bis zur Spätaufklärung,* Münster: Lit Verlag, 2001, 78.
[25] Theodor Brandt, *Basiswissen Kirchengeschichte*, 243.
[26] Der Spiegel, *Geschichte: Die Geburt der Moderne*, 86.
[27] Ron Kubsch, *Die Postmoderne,* 36

sie brauchten die Erfahrbarkeit, das Spüren, Erleben oder zumindest ein Nachvollziehen können dessen, was sie für Wahr halten sollten.
Im Folgenden werden kurz die politischen Rahmenbedingungen und die philosophischen Grundlagen aufgezeigt, die als entscheidende Anstöße für die weiteren Entwicklungen angesehen werden. Sie waren der Nährboden und der Same für die neuen geistigen Wurzeln des modernen Menschen.

1.2 Machtpolitische Ausgangslage zu Beginn des 16. Jahrhunderts

Im europäischen Mittelalter kämpften weltliche Kaiser und Päpste immer wieder um die Vormacht. Die Päpste strebten nicht nur eine kirchliche, sondern auch eine weltliche Vormachtstellung an. Die Spannungen zwischen den Päpsten in Rom und den Patriarchen in Konstantinopel führten 1054 n. Chr. zum Bruch zwischen der westlichen und der östlichen Kirche.[28]
Die Zeit von 1054-1305 n. Chr. kann als die Blütezeit der päpstlichen Macht in Europa bezeichnet werden. Die Päpste führten Reformen durch und herrschten über Könige und Kaiser. Zu groß war die Angst der Menschen vor der Exkommunizierung und dem Verlust des Seelenheils. Papst Innozenz III. betitelte sich als „Stellvertreter Gottes“ oder auch „Stellvertreter Jesu Christi“ und ordnete den Staat der Kirche zu.[29]
Die Legitimation hierfür wurde nicht nur aus der Zusage Jesu an Petrus gesehen (vgl. Mt 16,18), sondern auch aus dem vorherrschenden Glauben heraus, dass hinter der Idee der Wirklichkeit immer ein göttliches Wesen stehen müsse, zu der nur die kirchliche Autorität Zugang finden könne. Als wirklich und wahrhaftig galten nur die ewigen Gedanken des christlichen Glaubens. Diese Gedanken überstiegen die irdische Welt: „ewige Wahrheiten und das Allgemeine schlechthin, die Universalien“[30]. Deshalb ist der Universalienstreit des Mittelalters nicht nur politisch, sondern auch theologisch. Der Papst stand hierarchisch der Idee eines Gottes am Nächsten.[31]

---

[28] Merrill F. Unger, *Ungers großes Bibelhandbuch*, Bielefeld: CLV - Christliche Literatur-Verbreitung überarbeitete deutsche Ausgabe, 1990, *Lexikonabschnitt „Die Kirche im Mittelalter“*, 696.
[29] Merrill F. Unger, *Ungers großes Bibelhandbuch, Lexikonabschnitt „Die Kirche im Mittelalter“*, 696.
[30] Heinz Abels, *Identität*, 2. Auflage, Wiesbaden: VS Verlag für Sozialwissenschaften, 2010, 70.
[31] Der Universalienstreit setzte ein, als die mittelalterliche Lehre der Scholastik die christliche Offenbarung mit dem philosophischen Denken der Antike verknüpfte. Nachzulesen bei:
Heinz Abels, *Identität*, 70.

Im Machtkampf zwischen Bonifaz VIII. (1294-1303 n. Chr.) und König Philipp von Frankreich spitzte sich der Kampf um die Vorherrschaft zu. Der Papst verfasste die Bannbulle „Unam sanctam", die *allein* der Kirche die Vergebung der Sünden und die Aussicht auf das ewige Heil ausdrücklich zusagte.[32]
Die im 12. und 13. Jh. initiierten Kreuzzüge führten trotz anfänglicher Erfolge allmählich zum Rückgang und Verfall der päpstlichen Macht. Zu groß waren die Verluste. Ein entscheidender Verlust war die Plünderung Konstantinopels und die spätere Machtübernahme durch die Osmanen, was zum Ende des Byzantinischen Reiches führte. Hier wurde dem päpstlichen „Universalismus durch den Islam Grenzen gesetzt"[33].
Die Nachfolger Innozenz waren teilweise schwach und sittenlos, so dass sich das Machtverhältnis zwischen Kirche und Staat allmählich umkehrte. Ein Säkularisierungsprozess begann und eine tiefe Sehnsucht nach einer Erneuerung und Veränderung der alten kirchlichen wie auch staatlichen Systeme war nicht mehr zu unterdrücken.[34]
Bereits vor der Reformation Martin Luthers und der Aufklärung gab es unterschiedliche kirchliche und geistliche Reformbewegungsversuche, bspw. durch die Albigenser (11. Jh.), die Waldenser (12. Jh.)[35] oder die Wyclifften (circa 14. Jh.)[36], die jedoch stets mit Gewalt niedergeschlagen wurden. Ebenso gab es politische neuzeitlich orientierte Theorien, die eine Trennung von Staat und Kirche forderten. Bekannt wurden vor allem die Ausführungen über den Staat und seine Interessen von Niccolò Machiavelli (1469-1527)[37]. Diese Ansätze konnten das Bewusstsein des Volkes noch nicht durchdringen. Sie können jedoch als Vorzeichen für einen beginnenden Verän-

---

[32] Merill F. Ungers, *Ungers großes Bibelhandbuch, Lexikonabschnitt „Die Kirche im Mittelalter"*, 696-697.
[33] Theodor Brandt, *Basiswissen Kirchengeschichte*, 234.
[34] Hans Ulrich Musolff, Juliane Jakobi, Jean-Luc De Cam, *Säkularisierung vor der Aufklärung? Bildung, Kirche und Religion 1500-1750: Beiträge zur historischen Bildungsforschung Band 35*, begründet von Rudolf W. Keck, herausgegeben von Jürgen Bennack, Klaus Peter Horn, Rudolf W. Keck, Elke Kleinau, Michael Klöcker, Karin Priem, Köln: Böhlau Verlag GmbH & Cie, 2008, 27.
[35] Die Albigenser erhielten ihren Namen durch die Stadt Albi in Südfrankreich. Sie vertraten ähnliche Lehren wir die Gnostiker. Die Waldenser folgten Peter Waldes, der sich allein auf die Bibel berief, nachzulesen bei: Merill F. Unger, *Ungers Bibellexikon*, siehe unter: „Reformbewegungen", 697.
[36] John Wycliff galt als offensiver Gegner der nach weltlicher Macht strebenden Kirche. Von ihm werden die evangelikalen Strömungen abgeleitet, nachzulesen bei: Armin Sierszyn, *Die Neuzeit, Band 4*, Holzgerlingen: Hänssler Verlag, 2000, 267.
[37] Machiavelli stellte das Staatsinteresse über das Interesse des Einzelnen und darüber hinaus über die Moral. Das Staatsinteresse war von solch großer Bedeutung, dass es auch die schlimmsten eingesetzten Mittel entschuldigen und nahezu heiligen konnte, nachzulesen bei: Der Spiegel, *Geschichte: Die Geburt der Moderne*, 142.143.

derungsprozess im Denken und Handeln für eine sich langsam verändernde Kultur angesehen werden.

Demgegenüber stand die ständige von der Kirche geschürte Angst vor der ewigen seelischen Verdammnis. Der Mensch hatte Angst, eine „Todsünde“[38] zu begehen und für immer verloren zu sein. Gelüste und Leidenschaften wurden generell als Fluch und Sünde angesehen. Die Kirchenzucht sollte sie in Schranken halten. Jegliche Freude am weltlichen Sein, wie bspw. die Sexualität, galt als sündhaft gefährlich. Auch wenn biblisch gesehen daraus Sünde entstehen kann (vgl. 1Mose 9,24, 2Sam 11,3-5), so wurde jedoch das gesamte „gute Leben unter Generalverdacht gestellt“[39]. Allgegenwärtig war ein massiver Teufels-, Hexen- und Aberglaube und eine kaum wirkliche Glaubens- und Gewissensfreiheit durch die Herrschaft der katholischen Kirche. Andersgläubige und Kirchengegner wurden verfolgt, getötet oder, im günstigeren Falle, zur Auswanderung gezwungen.[40]

Machtmissbrauch und Angst nährten die Sehnsucht nach Freiheit und Unabhängigkeit. Es bedurfte einer neuen Identität gebenden Wahrheit, die dem Leben Ziel und Richtung geben sollte. Es bildeten sich die ersten Wurzeln eines europäischen Nationalbewusstseins: Die bewusste Zugehörigkeit zu einer bestimmten Kultur.[41] Das 16. und 17. Jh. wurde zu einer Zeit, in der mehrdimensionale, die Kultur verändernde, geistige Umbrüche stattfanden.

1.3 Ideologische und philosophische Wurzeln der Moderne

Die Kritik an dem kirchlich-absolutistischen Gesellschaftssystem nahm zu. Durch die über Europa hinausgehenden Entdeckungen wurde die Wahrheit des Wortes Gottes und der verkündeten Lehren der Kirche auf den *menschlich vernünftigen* Prüfstand gestellt. Führende Denker und Kirchengegner jener Zeit waren die Philosophen und Dichter.[42]

Der Ausdruck „Vernunft“ war bereits ein wesentlicher Begriff des vorherrschenden griechisch-hellenistischen Menschenbildes.[43] In den Überlegungen über das mensch-

---

[38] Die katholische Kirche unterschied zwischen Todsünden und lässlichen Sünden. Die Sünden wurden demnach in ihrer Schwere unterschiedlich bewertet und bestraft. Eine Auflistung der Todsünden wurde in Galater 5,19-21 gesehen, nachzulesen bei: Ecclesia Catholica, *Katechismus der katholischen Kirche: Neuübersetzung aufgrund der Editio Typica Latina*, deutsche Ausgabe, München: Oldenbourg Verlag, 2003, 487.

[39] Gerhard Schulze, *Die Sünde. Das schöne Leben und seine Feinde*, 9.

[40] Armin Sierszyn, *2000 Jahre Kirchengeschichte, Band 3*, 17.18.

[41] Armin Sierszyn, *2000 Jahre Kirchengeschichte, Band 3*, 17.

[42] Theodor Brandt, *Basiswissen Kirchengeschichte*, 234.

[43] Fritz Rienecker (Hrsg.), *Lexikon zur Bibel*, 2. Sonderauflage, Wuppertal und Zürich: R. Brockhaus Verlag, 1991, siehe unter: „Stoiker Philosophen“, 1344-1345.

liche Sein, seiner Herkunft und seinem Ziel taten sich immer wieder Spannungen auf. Fraglich war, ob es eines Offenbarungsglaubens bedurfte, der diese Erkenntnisse dem Menschen offenbarte, oder ob die notwendigen Erkenntnisse aus der menschlichen Vernunft heraus geboren werden könnten. Der moderner werdende Mensch war bestrebt, das Problem von Offenbarung und/oder Vernunft durch eigene Erkenntnisse zu lösen und zu erklären. Im Kern konnten zu Beginn der Neuzeit zwei Hauptrichtungen unterschieden werden:

Die Richtung der Vertreter der von außen kommenden Offenbarung wie bspw. die Scholastiker, die einen wissenschaftlichen Ansatz vertraten, und die Vertreter der Offenbarung Gottes durch das Innere des Menschen. Zur letzten Gruppe gehörten bspw. die Spiritualisten.[44]

Nach mittelalterlicher Tradition hatte die Philosophie die Aufgabe Dienerin der Theologie und des Glaubens zu sein. Sie dachte im Dienst des Glaubens und der Glaubensverwalter.[45]

Die Kerngebiete der in der Antike wurzelnden Philosophie sind: die Logik, die Wissenschaft des folgerichtigen Denkens; die Ethik, die Wissenschaft des rechten Handelns; die Metaphysik, die Wissenschaft der ersten Gründe des Seins und der Wirklichkeit. Weitere Grunddisziplinen sind die Erkenntnis- und Wissenschaftstheorie, die sich mit den Möglichkeiten des Erkenntnisgewinns im Allgemeinen bzw. speziell mit den Erkenntnisweisen der unterschiedlichen Einzelwissenschaften beschäftigen.[46]

Der Ausgangspunkt und die entscheidende Grundlage im philosophischen Denken ist ausschließlich die menschliche Vernunft. Diese befähigt den Menschen geistig, von einzelnen Beobachtungen und Erfahrungen auf universelle Zusammenhänge in der Welt zu schließen. Deren Bedeutung gilt es zu erkennen, um danach zu handeln. Das maßgebliche Handlungsfeld gibt die persönliche Lebenssituation vor. Die Vernunft ist das oberste Erkenntnisvermögen, das den Verstand kontrolliert und diesem Grenzen setzt bzw. dessen Beschränkungen erkennt. Die Vernunft wird zum Mittel und gleichzeitig zum Ziel: Der Mensch soll aus dem Willen und aus der auf seiner persönlichen Vernunft basierenden Hoffnung heraus vernünftig handeln und damit das für den Menschen Unvernünftige ausschließen. Der Verstand beinhaltet das logische

---

[44] Wolfgang Gericke, *Theologie und Kirche im Zeitalter der Aufklärung*, Berlin: Evangelische Verlagsanstalt, 1989, 24.25.31.

[45] Theodor Brandt, *Basiswissen Kirchengeschichte*, 365.

[46] Michael Seegmüller, *Professor Varth`s Brainstormung: Drama in 10 Akten*, 3. Auflage, Books on Demand, 2010, 98.

Denken des Menschen. Er ist in der Lage, Begrifflichkeiten zu bilden und sie in sinnvolle Zusammenhänge zu bringen.[47] Die „Vernunft wird zur Schöpfungskraft, der Verstand zur Erhaltungskraft“[48]. Die Vernunft bringt die Erkenntnisse in Beziehung zueinander und ermöglicht die Verbindung zum Großen und Ganzen. Beide zusammen ergeben das Urteilsvermögen des Menschen.[49]

Die Vernunft ist das wichtigste Mittel der geistigen Reflexion und das wichtigste Werkzeug der Philosophie. Damit sind keine speziellen religiösen Bestrebungen verbunden. Im Kern geht es um das Erlangen von Wissen, welches den Menschen in Abwägung der Situation richtig handeln lässt.[50]

In der Diskussion um die menschliche Vernunft und die eigenverantwortliche Entscheidungsfreiheit jedes einzelnen Menschen ist jedoch fraglich, inwieweit der Mensch in seinen Entscheidungen wirklich frei ist.

Die vorherrschenden kirchlichen Lehren über Erbsünde, Prädestination und Offenbarung Gottes schienen dem Menschen jegliche Freiheit zur Lebensfreude und Eigenverantwortlichkeit zu nehmen. Egal, wie sehr sich der Mensch auch bemühte, die Sünde und das damit verbundene schlechte Gewissen konnten nicht ausgemerzt werden. So hielt Armin Sierszyn in seinen Ausführungen über Martin Luthers Suchen und förmliches Ringen nach Erlösung und Gottes Liebe fest: „Zunächst scheint es ihm zu gelingen. Je länger und je tiefer er sich aber beobachtet, desto deutlicher erkennt er an sich, auch auf den Höhepunkten des Reueaktes, noch Reste heimlicher Eigenliebe.“[51] Die Bibel weist außerdem darauf hin, dass sich der Mensch ohne Gottes Weisheit nicht auf seinen Verstand verlassen sollte (vgl. Spr 3,5; 4,7).

Demgegenüber standen verschiedene philosophische Strömungen und Gedankenmodelle, die bereits über Jahrhunderte zuvor durch die Philosophen der griechischen Antike entwickelt worden waren. Diese nahmen Einfluss auf das europäische Denken.

Die griechische Philosophie entwickelte sich aus verschiedenen Strömungen. Diese fanden ihren Ursprung in unterschiedlichen Kulten, Riten und wissenschaftlichen Erkenntnissen aus dem gesamten indogermanischen Raum. Im Tempel von Delphi

---

[47] Konstantin Broese, Andreas Hütel, Oliver Immel, Renate Reschke (Hrsg.), *Vernunft der Aufklärung – Aufklärung der Vernunft*, Berlin: Akademie Verlag, 2006, 11.12.

[48] Dr. H.S. Hirschfeld, *Untersuchungen über die Religion: Erster Theil. Über das Wesen und Ursprung der Religion*, Breslau: Verlag von Johann Urban Kern, 1856, 25.

[49] Dr. H.S. Hirschfeld, *Untersuchungen über die Religion*, 25.

[50] Christoph Markschies, *Die Gnosis*, München: Verlag C.H. Beck, oHG, 2001, 10.

[51] Armin Sierszyn, *2000 Jahre Kirchengeschichte, Band 3*, 37.

finden sich die Worte: „Erkenne dich selbst!“[52] Es wurde angenommen, wenn man wirklich zu sich selbst gefunden habe, so fände man sicherlich zu seinem Ursprung und darin zu seinem Lebenssinn und Lebensziel. Mit einem sinnhaften Ziel vor Augen könne der Lebensweg in Freude, Kraft und Freiheit beschritten werden.[53]

Sokrates, Platon und Aristoteles gaben in ihren Aufzeichnungen erste Gedankenansätze und Richtungen vor, auf die durch die Philosophen der Aufklärung immer wieder, wie später noch deutlich wird, zurückgegriffen wurde.

Sokrates lehrte über die Hingabe des Einzelnen an die innere Stimme des Gewissens. Platon stand vor allem für die Vorstellung der über der Menschheit waltenden und gestaltenden Welt der Ideen. Der Philosoph Platon definierte: „Im Erkennen wird das wirkliche Sein der Dinge angeeignet.“ [54] Platon ging davon aus, dass hinter der Erscheinungswelt, die dem Menschen vor Augen ist, eine Welt der Ideen stehe, die die Strukturen aller Wirklichkeit enthielte. Erst die Erkenntnis dieser Strukturen ermögliche, so Platon, ein richtiges Handeln. Er glaubte, dass der Mensch diese Strukturen aus einer ursprünglichen Schau bereits kenne, diese jedoch aus der Vergessenheit heraus wieder ins gegenwärtige Bewusstsein bringen müsse. Diejenigen Menschen, die zu einer tieferen Erkenntnis der Strukturen von Wirklichkeit vorstießen, würden sich, soweit es dem Menschen möglich sei, Gott angleichen.[55]

Aristoteles prägte die Philosophie vor allem durch seine Prämissen über den Staat und dessen Gemeinschaftswillen und ergänzte dieses Denken durch seine Systematik. Er begründete und ordnete die unterschiedlichen Naturwissenschaften und trennte die Physik von der Metaphysik. Ausgangspunkt war allein der menschliche Verstand und seine Vernunft.[56]

In diesen Ausführungen werden vor allem drei Punkte deutlich, die Menschen in ihrem Denken immer schon beschäftigten: Erkenntnisse über den Ursprung, das heißt, die Herkunft und somit die Identität des Menschen, eine Antwort auf eine vorhandene Sehnsucht und Empfinden nach Transzendenz und die Sehnsucht nach funktionierender Gemeinschaft und Beziehungen, die die Sehnsucht nach Liebe und Anerkennung stillen sollten.

Unklar und diskussionswürdig bleiben die Objektivität der Vernunft und der Wert des menschlichen Urteilsvermögens.

---

[52] Reto Luzius Fetz, *Shri Ramana Maharshi – Vom Ich zum Selbst*, Berlin: Lit Verlag, 2006, 101.
[53] Reto Luzius Fetz, *Shri Ramana Maharshi – Vom Ich zum Selbst*, 101.102.
[54] Christoph Markschies, *Die Gnosis*, 9-10.
[55] Christoph Markschies, *Die Gnosis*, 10.
[56] Theodor Brandt, *Basiswissen Kirchengeschichte*, 37-38.

Die Philosophen der Neuzeit, beginnend im 16. Jh. mit Descartes, Hobbes, Locke und Spinoza, nahmen diese alten philosophischen Gedankenstränge wieder auf und entwickelten sie weiter. Zum durchschlagenden Erfolg führten sie Leibniz (17. Jh.), Hume und Kant (18. Jh.).[57]

Der Mensch wurde durch die alten kirchlichen Lehren geknechtet. Die ständige Angst vor dem eigenen sündhaften Versagen brachte kein Gefühl von Freiheit und Lebensfreude mit sich, im Gegenteil. Die daraus resultierende Sehnsucht, sich neu auf die Suche nach dem wahren Sein zu begeben, war logisch und verständlich. Dennoch ist das Bestreben nach vernünftiger Selbstbestimmung in Unabhängigkeit vom Wort Gottes als übernatürliche Kraft auch keine Wahrheit bringende Lösung, die zur Freiheit führt. Darin wird vielmehr eine Frucht des Baumes der Erkenntnis deutlich (vgl. 1Mose 3,5): Die Sehnsucht, von jeglicher übergeordneter Autorität frei beurteilen zu können, was wirklich gut und wirklich böse, schlecht und damit unvernünftig ist.

Tatsache ist, dass jeder Mensch über ein bestimmtes Maß an Logik und Vernunft verfügt. Er ist in der Lage zu denken, abzuwägen und nach einer logischen Abfolge für ihn gut und richtig zu handeln. Gott selbst schenkte dem Menschen diese Fähigkeit im Unterschied zu den Tieren (vgl. 1Mose 2,15). Die menschliche Vernunft alleine ist somit in der Lage, das Gute vom Bösen in einem bestimmten Maß zu unterscheiden. Dieses Maß entwickelt sich jedoch stets in einem begrenzten, kulturellen, subjektiven und relativen Rahmen des Menschen. Der Mensch trägt keine ethisch-moralischen Maßstäbe in sich. Diese werden im Rahmen des Enkulturationsprozesses entwickelt und durch persönliche Erfahrungen in unzähligen Situationen erlernt und geprägt.[58]

Der Mensch ist folglich nicht befähigt, nur das Gute im Absoluten zu erkennen und zu leben. Er hat im Rahmen seines Gewissens ein bestimmtes Empfinden für das Richtige oder Falsche. Nach biblischem Verständnis kann die Basis des Guten und die Erkenntnis über die Wahrheit nur Gott selbst sein. Nur Gott allein, der seinem Wesen[59] nach nur gut ist, kann das wahre Gute im Lichte seiner allein gültigen Wahrheit benennen und erkennbar werden lassen (vgl. Ps 25,5; Mk 10,18; Röm 9,1).

---

[57] Theodor Brandt, *Basiswissen Kirchengeschichte*, 366.

[58] Lothar Käser, *Fremde Kulturen, Eine Einführung in die Ethnologie*, 3. Auflage, 2005, Bad Liebenzell: Verlag der Liebenzeller Mission, 2005, 130.

[59] Nähere Ausführungen über Gottes Wesen im späteren Teil verdeutlichen diese Aussage.

Gottes Wahrheiten sind jedoch nicht direkt und unbedingt von der menschlichen Vernunft erfassbar. Der Apostel Paulus legte in seinen Ausführungen an die Gemeinde in Korinth dar, dass die Botschaft des Evangeliums für das hellenistisch geprägte Denken eine „Torheit“[60] ist. Nach diesem Denken ist der Tod Jesu un*vernünftig*. Ausgehend von der rein menschlichen Vernunft führte diese Logik dazu, dass die Botschaft vom Evangelium Jesu Christi nicht verstanden werden konnte und folglich unwahr sein musste.

2 Kirchliche und gesellschaftliche Umbrüche

2.1 Die Reformation und ihre Folgen für die katholische Kirche

Einen entscheidenden, wenn auch ungewollten Beitrag zu einer neuen Freiheit in der Loslösung von alten Zwängen und der katholischen Kirche leistete Martin Luther.[61]
Eine Vielzahl von Missständen, wie Unmoral der Geistlichkeit, der „Ablasshandel“[62], der zum Bau der Peterskirche in Rom betrieben wurde, und der Handel mit kirchlichen Ämtern, hohe päpstliche Steuern und das Eingreifen des Papstes in die staatlichen Angelegenheiten führten dazu, dass die katholische Kirche an Glaubwürdigkeit und Autorität verlor. Darüber hinaus herrschte eine quälende Angst vor dem möglichen Verlust des Seelenheils.[63]
Ein erster Meilenstein im Denken Luthers war die intensive Auseinandersetzung mit der Frage nach Heil und Gericht. Er selbst führte aus, dass er Gott aufgrund seiner Erziehung als strengen zornigen Richter ansah. Ein Ringen um die Frage, wie er einen gnädigen Gott bekommen könne, bestimmte sein Denken und Handeln im Kloster. Das führte ihn zur intensiven Beschäftigung mit verschiedenen biblischen Bü-

---

[60] Alle biblischen Zitate, sofern dies in der jeweiligen Fußnote nicht gesondert vermerkt wird, werden entnommen aus: Elberfelder Studienbibel, *mit Sprachschlüssel und Konkordanz*, 7. Gesamtauflage, 2. Auflage in 2010, Witten: SCM R. Brockhaus im SCM Verlag GmbH & Co. KG, 1Kor 1,18.
[61] Armin Sierszyn, *2000 Jahre Kirchengeschichte, Band 3*, 65.92.
[62] Der Ablasshandel hing mit der mittelalterlichen Beicht- und Bußpraxis zusammen. Die Beichte bedurfte einer kirchlichen Absolution, einer Freisprechung von der bekannten Sünde. Die Kirche unterschied zwischen Höllenqualen und Fegefeuerstrafen, die zeitlichen Sündenstrafen. Die Absolution bezog sich nur auf die ewigen Höllenqualen. Die Fegefeuerstrafen hingegen mussten gebüßt werden, konnten jedoch durch den Überschuss der guten Werke der Heiligen Erlösung finden. Diesen Überschuss, der wie ein Schatz angesehen wurde, hütete die katholische Kirche. Der Sünder konnte sich durch den Ablasshandel einen Teil der guten Werke der Heiligen erkaufen und somit die völlige Absolution erhalten. Nachzulesen bei: Armin Sierszyn, *2000 Jahre Kirchengeschichte, Band 3*, 50.51.
[63] Merill F. Unger, *Ungers großes Bibelhandbuch, Lexikonabschnitt „Vorzeichen der Reformation“*, 698.

chern und zu zentralen theologischen Auslegungen der folgenden Texte: den Psalmen, dem Römerbrief, dem Galaterbrief und etwas später dem Hebräerbrief.[64]

Luther verfasste seine Rechtfertigungslehre. Danach kann der Mensch allein aus dem Glauben und der Gnade heraus gerettet werden. Gott selbst hat den Menschen gerechtfertigt. Aus dieser Grunderkenntnis erwuchs die Theologie Luthers, die sich in drei Prinzipien zusammenfassen lässt:

Sola Gratia (allein durch Gnade), Sola Fide (allein aus Glauben), Sola Scriptura (allein auf der Grundlage der Schrift).[65]

Sein Grundverständnis stand im Gegensatz zu der damals geltenden katholischen Kirchenlehre, in der die Kirche sich selbst als Rechtfertigungsinstanz ansah.[66]

Schließlich verfasste Martin Luther 95 Thesen, die er am 31. Oktober 1517 in Wittenberg an die Schlosskirche angeschlagen haben soll.[67]

Die Thesen sollten zunächst nur als Grundlage einer akademischen Disputation dienen. Es kam jedoch zu einer geistlichen Revolution und zu einer Spaltung der Kirche in verschiedene Konfessionen. Ein entscheidender Schritt zur Spaltung der bisherigen Einheit der West-Kirche war die Leipziger Disputation vom 27. Juni bis 16. Juli 1519. Dort traten die Differenzen in der Frage nach Gestalt und Gewalt der Kirche zu Tage: Die Autorität der römisch–katholischen Kirche wurde als Ganzes in Frage stellt. Martin Luther widersetzte sich den falschen Lehren und verfasste drei Reformschriften: „An den christlichen Adel deutscher Nation", „Von der babylonischen Gefangenschaft der Kirche" und „Von der Freiheit eines Christenmenschen".[68]

Die Übersetzung der lateinischen Bibelausgabe, der Vulgata, ins Deutsche ermöglichte dem Einzelnen einen persönlichen Zugang zum Wort Gottes. Bereits vor Luther hatte John Wycliffe (circa 1320-1384) die Bibel ins Englische übersetzt und sich damit der päpstlichen Autorität widersetzt. Die katholische Kirche ging zur Gegenreformation über und erklärte auf dem Konzil zu Trient (1545-1563) die „Vulgata"[69] mit 11 apogryphischen Büchern zur einzigen authentischen Bibelübersetzung.[70]

---

[64] Heribert Smolinsky, *Kirchengeschichte der Neuzeit I*, 2. Auflage, Düsseldorf: Patmos Verlag, 2008, 32-34.

[65] Armin Sierszyn: *2000 Jahre Kirchengeschichte, Band 3*, 33.

[66] Armin Sierszyn: *2000 Jahre Kirchengeschichte, Band 3*, 51.

[67] Der Tatsächliche Anschlag an die Schlosskirche wird teilweise als Legende gesehen, nachzulesen bei: Armin Sierszyn: *2000 Jahre Kirchengeschichte, Band 3*, Fußnote Nr. 70, 55.

[68] Merill F. Unger, *Ungers großes Bibelhandbuch, Lexikonabschnitt „Die neuzeitliche Periode"*, 700.

[69] Die Vulgata wurde von Papst Damasus I. an Hieronymus im Jahr 384 nach Christus in Auftrag gegeben. Die bis dato geltende Vetus Latina zeigte zahlreiche Mängel und Verschiedenheiten in den altlateinischen Bibelübersetzungen auf, so dass eine revidierte Bibelübersetzung, ausgehend von den hebräischen Urtexten als dringend erforderlich angesehen wurde. Die Vulgata war die erste Revision,

Die Renaissance in Kunst und Wissenschaft im 16. Jh. mit ihrem neu erwachten Interesse am hebräischen Alten Testament und griechischen Neuen Testament stellten die schriftwidrigen Forderungen der mittelalterlichen Kirche bloß. Vor allem Erasmus von Rotterdam zweifelte mit seiner textkritischen Ausgabe des griechischen Neuen Testaments und seinen Erläuterungen die Authentizität der Vulgata an. Bei der Suche nach dem wahren Seelenheil und dem Sinn des Lebens wurde die Sehnsucht groß, die Wahrheit in den Urschriften, „zurück zu den Quellen“[71] des christlichen Glaubens, zu finden. Auf verschiedenen Konzilien 1409 und 1439 wurde stets eine Erneuerung gefordert.[72] 1592 erschien unter Papst Sixtus V. eine neue, noch heute gültige offizielle Ausgabe der Vulgata.[73]

Zusammenfassend lässt sich festhalten, dass die Reformgedanken und die drei theologischen Prinzipien Luthers eine entscheidende Veränderung für die Autorität der damaligen Kirche und für das Glaubensleben der Menschen brachten: Jedem Menschen wurde eine neue persönliche Pietät und Glaubensfreiheit zugesprochen. Der absolute Autoritätsanspruch der katholischen Kirche war durchbrochen. Die Reformation und die daraus entstandenen Bewegungen wurden zum geistlichen Wegbereiter für eine individuelle Betrachtung des Menschen in seiner Beziehung zu Gott. Das Wort Gottes konnte in der deutschen Sprache eigenständig gelesen werden. Die Menschen erfuhren, dass das persönliche Heil unabhängig von einer kirchlichen Entscheidung allein aus der Gott gegebenen Gnade heraus ergriffen werden konnte.[74] 1519/1520 setzte eine reformatorische, europaweite Bewegung ein, ohne die Luthers Gedanken sicherlich keine lang andauernde Wirkung gehabt hätten.[75]

Der Mensch erhielt dadurch eine Chance, Gott neu zu finden und sein Wesen in einer neuen persönlichen Freiheit zu erfahren.

2.2 Wissenschaftliche Erkenntnisse für ein neues Selbstverständnis

Durch die Entdeckung neuer Kontinente und andersartiger Kulturen wuchsen das Interesse und die Neugier, Unbekanntes zu erforschen. Eine wachsende Wissensbe-

---

nachzulesen bei: Fritz Rienecker (Hrsg.), *Lexikon zur Bibel*, siehe unter: „Vulgata – die Verbreitete“, 1484.

[70] Merill F. Unger, *Ungers großes Bibelhandbuch, Lexikonabschnitt „Die katholische Gegenreformation (1546-1648)“*, 699.

[71] Hubert Filser, *Dogma, Dogmen, Dogmatik*, 178.

[72] Merill F. Unger, *Ungers großes Bibelhandbuch,* siehe unter: „Vorzeichen der Reformation“, 698.

[73] Fritz Rienecker (Hrsg.), *Lexikon zur Bibel,* siehe unter: „Vulgata – die Verbreitete“, 1484.

[74] Eine genauere Auseinandersetzung mit dem Verständnis „Glaube“ folgt später.

[75] Heribert Smolinsky, *Kirchengeschichte der Neuzeit I*, 39.

geisterung zeigte sich in den verschiedensten Bereichen wie Medizin, Wirtschaft und Technik. Das Interesse an der Empirie, dem Selbstentdecken und dem Sammeln von eigenem Wissen und Erfahrungen, rückte in den folgenden Jahrhunderten in den Mittelpunkt des gesellschaftlichen Lebens. Dies belegt eine zunehmende Anzahl von Wissenschaftlern und Ingenieuren seit dem 17. Jh., sowie eine fortschreitende interne Differenzierung der Wissenschaft in zahlreiche Wissenschaftszweige. Immer neue Wissenschaftsdisziplinen wurden eröffnet und erforscht.[76] Begleitet wurde diese Entwicklung von neuen technischen Möglichkeiten, wie dem Teleskop[77] und später dem Mikroskop[78], welche neue und tiefere Einblicke in bisher verschlossene Forschungsfelder eröffneten.[79]

Mit Hilfe des Teleskops gelang Nikolaus Kopernikus 1543 die Entdeckung des heliozentrischen Weltbildes. Demnach dreht sich die Erde um die eigene Achse und zudem, wie die anderen Planeten, um die Sonne. Diese Erkenntnisse führten zu einer Veränderung im wissenschaftlichen Denken. Weitere Forschungen von Kepler, Galilei, Bacon, Newton und Boyle erbrachten erkennbare Beweise für die neuen Theorien über die Position der Erde. Die Wissenschaft ermöglichte es, mechanische und berechenbare Naturzusammenhänge zu erkennen. Dadurch wurde ein logischer Einblick in die Lebenswelt des Menschen in ihrer Verbindung zum Kosmos möglich.[80]

Zahlreiche Theologen jener Zeit sahen darin eine Chance, die Schöpfung Gottes in ihren Zusammenhängen besser zu verstehen und Gott selbst näher kennen zu lernen. Dies bestätigte die positive Resonanz an der Wittenberger Universität. Die neuen Einsichten regten jedoch nicht nur das Denken der Theologen an, sondern sie beflügelten auch die Phantasien der Philosophen und den Abenteuerdrang der Forscher, noch tiefere und weitergehende Erkenntnisse über den Kosmos, das Leben und letztlich das menschliche Sein zu erlangen. Die zunehmenden menschlichen Fähigkeiten, technische Fortschritte und Erkenntnisse eröffneten nicht nur neue Sichtweisen in der Betrachtung der Welt, sondern sie führten auch zu dem Schluss, neue religiöse Theorien und Wahrheiten über *die* Wirklichkeit

---

[76] Ute Frevert, Heinz-Gerhard Haupt (Hrsg.), *Der Mensch des 20. Jahrhunderts*, Essen: Magnus Verlag GmbH, 2004,163.165.167.

[77] Das Teleskop soll 1608 von Jan Lipperhey erfunden worden sein, noch bevor Galileo Galilei es ein Jahr später zur Sternenbeobachtung einsetzte, nachzulesen bei: Lars Lindberg Christensen, Govert Schilling, *Unser Fenster zum Weltraum, 400 Jahre Entdeckungen mit Teleskopen*, 1. Auflage 2009, Weinheim: WILEY-VCH Verlag GmbH & Co. KGaA, 2009, 12.

[78] Ein erstes einfaches Mikroskop erfand Andreas Ross 1831, im 19. Jh. entwickelte Peter Barlows das Gerät weiter, nachzulesen bei: Pieter Harting, *Das Mikroskop: Theorie-Gebrauch-Geschichte und gegenwärtiger Zustand desselben*, Braunschweig: Friedrich Vieweg und Sohn, 1859, 650.745.

[79] Hans-Ulrich Musolff, *Säkularisierung vor der Aufklärung?*, 28.29.

[80] Wolfgang Gericke, *Theologie und Kirche im Zeitalter der Aufklärung*, 37.39.

entwickeln zu können.[81] Das Leben schien berechenbar. So verlor bspw. der Regenbogen seine übernatürliche Bedeutung, da er physikalisch erklärbar wurde.[82]
Die naturwissenschaftlichen Erkenntnisse und Entdeckungen ermöglichten die Loslösung von den mittelalterlichen, kirchlichen Bevormundungen. Ein Lebensbereich nach dem anderen trennte sich von dem dogmatisch gebundenen Denken. Der Mensch begann umzudenken. Er sah sich befähigt zu erforschen, was als richtig oder falsch anzusehen und dementsprechend zu bewerten war. Namhafte Philosophen der damaligen Zeit wie Hobbes, Spinoza, Descartes und Locke deuteten das neue Weltbild und forcierten eine bis zu diesem Zeitpunkt nie da gewesene Freiheit im Denken.[83] So wurde auch das Gewitter, das lange als Strafe Gottes angesehen wurde, zu einem erklärbaren und sogar menschlich berechenbaren Naturereignis.[84] Diese Erkenntnisse erlangte der Mensch allein durch sein logisches und vernünftiges Denken. An dieser Stelle wird deutlich, dass die Philosophie in Verbindung mit den beginnenden modernen Naturwissenschaften die entscheidende geistige Prägung der modernen Kultur übernommen hatte. Wissenschaftliche Erkenntnisse und das logische Denken der Philosophen durchbrachen den Absolutheitsanspruch der bisherigen geistlichen Elite. Sie ließen nicht nur Zweifel an deren Traditionen und dogmatischen Wahrheiten wachsen, sondern eröffneten völlig neue Wege und Erfahrungen. Für wahr wurde zunehmend nur das anerkannt, was der Mensch selbst entdecken und erklären konnte. Die menschliche Vernunft wurde zur neuen Glaubensgrundlage. Die wissenschaftlichen Errungenschaften dienten als Beweise für ihre Wahrhaftigkeit. Mit dieser wachsenden Eigenmächtigkeit sank m. E. auch die Ehrfurcht vor Gott, was die späteren Ausführungen über den nicht enden wollenden wissenschaftlichen Wissens- und Erkenntnisdrang zeigen.
Beginnend mit dem Zeitalter der Aufklärung werden die Grundgedanken der antiken Philosophie mit den Grundelementen der neuen protestantischen Theologie verknüpft. Das Verhältnis von Philosophie und Theologie änderte sich im Prozess der Moderne. Die Philosophie betonte die Vernunft und machte deren Wahrheitsanspruch geltend. Im Gegensatz dazu verlor die auf göttlicher Offenbarung gegründete Theologie an Bedeutung und Glaubwürdigkeit. Das Göttliche, das Metaphysische

[81] Hans-Ulrich Musolff, *Säkularisierung vor der Aufklärung?*, 29.30.
[82] Richard Dawkins, *Der Entzauberte Regenbogen, Wissenschaft, Aberglaube und die Kraft der Phantasie*, übersetzt von Sebastian Vogel, Hamburg: Rowohlt Verlag GmbH, 2000, 10.
[83] Theodor Brandt, *Basiswissen Kirchengeschichte*, 365.
[84] Heinz D. Kittsteiner, *Die Entstehung des modernen Gewissens*, 1. Auflage, Frankfurt und Leipzig: Insel Verlag, 1991, 227.228.

und Überirdische, konnte nie verneint werden, aber es wurde im Rahmen der menschlichen Vernunft, wie die späteren Ausführungen über das Thema Freiheit zeigen werden, teilweise vom menschlichen Sein subtrahiert und neu interpretiert. Es wurde so interpretiert, wie es für den Menschen verständlich und vernünftig war. Die Erkenntnisfähigkeit und das Wissen des Menschen wurden zum Maß aller Dinge.

2.3 Der Humanismus – ein neues Menschenbild

Der Humanismus ist eine Weltanschauung, die durch die Philosophie der Aufklärung eine den modernen Menschen prägende Verbreitung fand.[85]

Die ersten Ansätze finden sich bereits 400 Jahre v. Chr. bei Platon. Er abstrahierte die Metaphysik vom Menschsein und erschuf somit den Humanismus. Platon war der Überzeugung, dass lediglich ein guter und disziplinierter Bildungsprozess den Menschen zu einem guten Menschen machen könnte.[86]

Im Zentrum der humanistischen Lehre stehen die Werte und die Würde des einzelnen Menschen. Damit verbunden werden die Prinzipien Toleranz, Gewissensfreiheit und Gewaltfreiheit mit dem Ziel, das menschliche Dasein zu verbessern und den Menschen zu seiner Menschlichkeit zu führen. Im Kern geht diese Philosophie vom Guten im Menschen aus. Dieses muss lediglich durch eine vernünftige Erziehung und durch die persönliche Freiheit des Menschen würdigende gesellschaftliche Rahmenbedingungen gefördert und sichtbar gemacht werden. Die menschlich immanenten Grundbedürfnisse nach Liebe, Anerkennung und Freiheit sind hierbei die Grundvoraussetzungen, die das Gute annehmen und das Böse, die Sünde, im menschlichen Sein völlig ablehnen.[87] Das Böse wird lediglich zu einer Reaktion auf etwas Böses, was dem bereits vorausgegangen ist. Der tatsächliche Ursprung des Bösen kann dadurch jedoch nicht erklärt werden.

Mit dem Beginn der Neuzeit im 15./16 Jh. erfuhr der Humanismus eine Renaissance, die den Gedanken der „natürlichen Theologie“[88] zur Folge hatte. Dieser Ansatz ging davon aus, dass jeder Mensch eine natürliche religiöse Vernunft in sich trägt. Darin enthalten seien die Erkenntnis über die Existenz Gottes und die Unsterblichkeit der menschlichen Seele. Beweis führend für die Richtigkeit dieser Annahmen waren für

---

[85] Armin Sierszyn, *2000 Jahre Kirchengeschichte, Die Neuzeit, Band 4,* 116.

[86] Andreas Niesseler, *Vom Ethos der Gelassenheit: zu Heideggers Bedeutung für die Pädagogik,* München/Würzburg: Königshausen und Neumann Verlag, 1995, 98.

[87] Wolfgang Förster, *Humanismus.* In: Hans J. Sandkühler (Hrsg.): *Europäische Enzyklopädie zu Philosophie und Wissenschaften,* Band 2, F-K, Hamburg: Meiner Verlag, 1990, 560 ff.

[88] Friedrich Klingner, *Römische Geisteswelt,* 3. Auflage, München: Hermann Rinn Verlag, 1956, 715.

den bekannten Humanisten Erasmus von Rotterdam (1469-1536) die philosophischen Schriften des Philosophen Cicero, die eine persönliche Sehnsucht nach göttlicher Heiligkeit ausdrückten, obwohl dieser die Bibel nicht kannte. Eine Verstärkung des humanistischen Gedankens fand sich in der Annahme, dass jedem Menschen ein „natürliches Licht (lumen naturale) der Gotteserkenntnis“[89] gegeben sei, dem er lediglich folgen müsse. Die natürliche Theologie wurde zur natürlichen Religion: Der Mensch trägt demnach eine natürliche Religiosität in sich. Dem Vorwurf, darin allein den Menschen zu verherrlichen, wurde entgegengehalten, dass der Mensch, entsprechend der Heiligen Schrift, ein Abbild Gottes sei.[90]

Die Wissenschaft selbst konnte zu einem späteren Zeitpunkt im Rahmen der Ethnologie beweisen, dass jede Kultur an geistliche Wesen glaubt oder zumindest die Existenz göttlicher Wesen nicht verneint. Dieses Phänomen bezeichnet die Wissenschaft als Animismus.[91] Darin wurde ein eindeutiger Beleg für die allen Menschen gegebene natürliche Religion gesehen.

Theologisch unbestritten ist, dass der Mensch in einer Ebenbildlichkeit zu Gott geschaffen wurde (vgl. 1Mose 1,27). Fraglich ist jedoch, inwieweit sich eine entscheidende Veränderung in der Ebenbildlichkeit zu Gott in dem Augenblick vollzog, in dem der Mensch aus der Schöpfungsordnung Gottes ausbrach, um Unabhängigkeit und Eigenständigkeit zu erlangen. In diesem Prozess der Abwendung verlor der Mensch den alleinigen Blick auf Gott. Durch diesen Verlust verlor er sein göttliches Gegenüber – seine Ebenbildlichkeit, in der seine Identität ihren Ursprung fand. Die Bibel spricht lediglich von einer Sehnsucht, die zurückgeblieben ist: „Alles hat er schön gemacht zu seiner Zeit, auch hat er die Ewigkeit in ihr Herz gelegt, nur dass der Mensch das Werk nicht ergründet, das Gott getan hat, vom Anfang bis zum Ende“ (Pred 3,11; vgl. auch 1Mose 2,15; 1Mose 11,4; 1Mose 12,1.2; Röm 1,19-23). Durch den Schöpfungsakt trägt der Mensch eine natürliche Sehnsucht nach Transzendenz in sich. Dies zeigt sich unter anderem dadurch, dass er immer wieder nach dem Sinn des Lebens fragt. Einerseits wurde eine direkte Verbindung zerstört, andererseits blieb ein nach der Wahrheit suchendes Verlangen im Menschen zurück. Vor diesem Hintergrund lassen sich ebenso die Ideenlehre Aristoteles´ und die Ansätze der alten Philosophen erklären und sogar verstehen. Ihre Schlussfolgerungen ent-

---

[89] Friedrich Klingner, *Römische Geisteswelt*, 716.
[90] Friedrich Klingner, *Römische Geisteswelt*, 716.
[91] Lothar Käser, *Fremde Kulturen*, 225.

sprechen allerdings nicht der biblischen Wahrheit, die Christus verkündet hat (vgl. 2Kor 3,17.18).

Die Philosophie auf der Basis humanistischen Denkens lehnt ein göttliches Etwas nicht ab, aber sie abstrahiert dieses Wesen vom menschlichen Sein oder sieht es als im Menschen immanent gegeben an, da etwas anderes menschlich nicht erklärbar ist. Die Schlussfolgerung, die die Philosophie daraus zieht, basiert allein auf der menschlichen Logik und dem menschlichen Urteilsvermögen. Die Göttlichkeit erfährt darin eine Herabstufung auf die Ebene der rein menschlichen Vernunft. Der Mensch erschafft sich ein göttliches Bild nach seinem Bild und endet damit automatisch in sich selbst, weil die menschliche Logik und Nachvollziehbarkeit als absolut angesehen werden (vgl. auch 2Mose 20,4; Röm 1,23). Im Umkehrschluss erhebt sich der Mensch dadurch selbst zu Gott.

Der Theologe Martin Luther lehnte jeglichen philosophischen Einfluss, insbesondere das humanistische Denken, ab.[92] Er verteidigte die Einzigartigkeit der christlichen Theologie. Diese geht davon aus, dass im Menschen nichts Gutes ist. Der Mensch braucht die Gnade Gottes, die im Erlösungswerk Jesu Christi offenbar und greifbar wurde.[93] Die Philosophie oder andere Religionen könnten daher kein Hilfsmittel der Theologie sein. Für Luther war das Erlösungswerk Christi von einzigartiger, unbegreifbarer, folglich auch unvernünftiger und über den menschlichen Verstand hinausgehender Bedeutung. Diese Erkenntnisse konnten folglich nur durch die Heilige Schrift erlangt werden. Die natürliche Vernunft des Menschen allein ist danach zu solchen Erkenntnissen nicht in der Lage.[94]

Zahlreiche Religionen suchen nach einem göttlichen Sein und einem Weg dorthin, jedoch erhebt das Christentum einen Absolutheitsanspruch, der nur Christus als den wahren Weg zulässt. Jegliche Relativierung würde dem christlichen Glauben sein Fundament nehmen.[95]

Die Ansätze der Philosophie, das Bestreben, die Dinge zu erklären, die Fakten der Wissenschaft und die Prinzipien des Humanismus, die ein Gutsein des Menschen als von Natur aus gegeben ansahen, wurden zu einer neuen Basis für die menschliche Freiheit. Dies zeigte sich in der weiteren Entwicklung innerhalb der kulturellen Ebenen.

---

[92] Armin Sierszyn, *2000 Jahre Kirchengeschichte, Band 3,* 109.111.
[93] Armin Sierszyn, *2000 Jahre Kirchengeschichte, Band 3,* 107.
[94] Wolfgang Gericke, *Theologie und Kirche im Zeitalter der Aufklärung*, 26.28.
[95] Thomas Philipp, *Wie heute glauben, Christsein im 21. Jahrhundert,* Freiburg im Breisgau: Herder Verlag, GmbH, 2010, 153.

Einen wesentlichen Beitrag zur Vertiefung dieser Gedanken in die Kultur hinein leisteten die Dichter jener Zeit. Gotthold Ephraim Lessing griff im 18. Jh. diese Ansätze in seinen Werken auf. Er trat für das neue Selbstverständnis des aufgeklärten Menschen ein. Die jüdische und christliche Offenbarungsreligion war für ihn lediglich eine „Erziehungsmaßnahme aus dem Kindheits- und Jugendzustand der Menschen“[96]. Der moderne Mensch brauche diese „Hilfsmittel“[97] nicht mehr. Dem Menschen offenbarten sich neue Chancen, wenn er seine persönliche Vernunft richtig einsetze.[98] Lessings Werke, vor allem seine Dramen, verpflichteten sich der Toleranz. Diese Toleranz forderte die Gleichberechtigung unterschiedlichen Denkens, Handelns und im Blick auf die damalige Zeit unterschiedlicher Sitten und Gebräuche. Lessing prägte die weitere Entwicklung des Theaters und forcierte die öffentliche Wirkung. Die Literatur sollte ihren Teil zur Aufklärung und Bildung des modernen Menschen beitragen.[99]

Friedrich Wilhelm Joseph Ritter von Schelling, Philosoph des 19. Jh.s, entwickelte aus dem humanistischen Denken heraus den Deutschen Idealismus.[100] Dieser stellte die Freiheit des Menschen noch deutlicher heraus. Eine seiner Kernaussagen lautete:

> „Alles am Menschen trägt den Charakter der Freiheit. Er ist durchaus ein Wesen, das die tote Natur ihrer Vormundschaft entlassen und der Gefahr seiner eignen (unter sich streitenden) Kräfte überantwortet hat. Seine ganze Fortdauer ist eine immer wiederkehrende, immer neubestandene Gefahr, eine Gefahr, in der er sich durch eignen Impuls begibt, und aus der er sich selbst wieder rettet.“[101]

Hier wird noch einmal deutlich, dass das humanistische Denken, im Gegensatz zum christlichen Erlösungsdenken, von einer natürlichen Immanenz Gottes im Menschen ausging, die eine natürliche Freiheit zur Folge haben sollte.

---

[96] Armin Sierszyn, *2000 Jahre Kirchengeschichte, Die Neuzeit, Band 4,* 116.
[97] Armin Sierszyn, *2000 Jahre Kirchengeschichte, Die Neuzeit, Band 4,* 116.
[98] Gerhard Schulze, *Die Sünde. Das schöne Leben und seine Feinde*, 140.141.
[99] Karl Siegfried Guthke, Helmut Berthold, *Lessings Horizonte, Grenzen und Grenzenlosigkeit der Toleranz: Kleine Schriften zur Aufklärung,* herausgegeben von der Lessing-Akademie, Göttingen: Wallstein Verlag, 2003, 44.45.
[100] Friedrich Wilhelm Joseph Schelling, *Philosophische Untersuchung über das Wesen der menschlichen Freiheit und die damit zusammenhängenden Gegenstände*, herausgegeben von Thomas Buchheim, Wissenschaftliche Buchgesellschaft Darmstadt, Hamburg: Felix Meiner Verlag GmbH, 1997, 18.
[101] Friedrich Wilhelm Joseph Schelling, *Philosophische Untersuchung über das Wesen der menschlichen Freiheit und die damit zusammenhängenden Gegenstände*, X.

Der Humanismus wurde zur Grundlage einer neuen „Selbstbesinnung“[102] des Menschen. Die vernünftige Göttlichkeit des Menschen wurde als Schlüssel echter Freiheit angesehen.

Zusammenfassend kann festgestellt werden, dass die Vertreter des Humanismus das wahrhaft Gute im Menschen in gleichzeitiger Verneinung des Bösen annahmen, da es einfach unmenschlich erschien. Darüber hinaus wurde in der allgemeinen Sehnsucht nach Transzendenz das Göttliche im menschlichen Sein als immanent angesehen. Die vernünftige Aufklärung ermutigte den Menschen aus dieser natürlichen Göttlichkeit heraus, die Dinge selbst zu erkennen, zu erforschen, um sie letztlich richtig zu ergreifen (vgl. 1Mose 3,12). Das Leben sollte zu dem werden, wonach sich der Mensch am meisten sehnte: menschlich und lebenswert.

Sicherlich ist humanes Handeln nicht von vorneherein schlecht. Jesus selbst fordert uns zu barmherzigem und gutem Handeln auf (vgl. Mt 5,42; Lk 10,27; sowie 1Petr 3,11). Jedoch ist die Grundlage des Handelns von Bedeutung. Der Humanismus ist in seinem Wesen menschenzentriert. Der Mensch ist menschlich, aber deshalb nicht automatisch gut. Menschlichkeit ist kulturbedingt relativ.

Der Mensch wurde als Abbild des absolut Guten erschaffen. Jedoch nur in dieser Ebenbildlichkeit ist der Mensch zu wirklich gutem Handeln befähigt. Der Mensch muss zunächst tatsächlich erkennen, dass er diese Identität verloren hat und deshalb aus sich heraus nichts Gutes bewirken kann. Nur in der direkten Verbindung mit und Abhängigkeit vom Guten, nämlich Gott, kann Gutes erwachsen (vgl. Mt 12,33.35). Diese Gedanken werden im Folgenden weiter vertieft.

3 Die Epoche der Aufklärung

3.1 Politische und konfessionelle Entwicklung im 17./18. Jahrhundert

Die Befreiung des Geistes und des Verstandes, die zu einer neuen Freiheit im Handeln und Gestalten bis hin zur tatsächlichen Schaffung demokratisch-orientierter politischer Systeme zu Beginn des 20. Jh.s führen sollte, begann mit der Epoche der

[102] Knaurs Lexikon, *8. Band, Ha-In,* Deutscher Bücherbund Stuttgart, Lexikographisches Institut, München, 1975, siehe unter: „Humanismus“, 2729.

Aufklärung. Diese Epoche ist ein Teil der Schwellenzeit zur Moderne. Sie beginnt im 16. Jh. und verliert ihre Bedeutung spätestens 1780.[103]

Das 16. Jh. wird in Anlehnung an den Theologen Ernst Troeltsch (1865-1923) das „Konfessionelle Zeitalter" genannt.[104] Es umfasst circa die Zeit vom Augsburger Religionsfrieden, durch welchen der lutherische Glauben als eigenständig anerkannt wurde, bis zum Westfälischen Frieden 1648. Angestoßen durch die Reformation Luthers folgten zahlreiche weitere Reformationsbestrebungen in vielen Teilen Europas. Es kam zu einer Aufspaltung der mittelalterlichen Einheitskultur mit der Folge sich gegenseitig abgrenzender oder bekämpfender Konfessionen mit ihren jeweiligen Territorien. Daher wurde Europa Mitte des 16. Jh.s zum Schauplatz zahlreicher Religionskriege.[105]

Die weltliche Machtstruktur war eng mit der religiösen Macht verbunden, so dass der Ausgang der Kriege auch die Konfession der Untertanen bestimmte. Die Religionswahl richtete sich in Deutschland nach der Konfession der jeweils herrschenden Landesfürsten. Es galt die Regelung „Cuius regio – eius religio"[106]. Eine wirkliche Freiheit für den Glauben gab es nicht, es bestand lediglich eine bedingte Konfessionswahl.

Es gab Freiheitskämpfe zwischen den reformierten Niederlanden und dem katholischen Spanien, religiöse und politische Auseinandersetzungen in England, die Hugenottenkriege in Frankreich und den Dreißigjährigen Krieg in Deutschland.[107] In den Niederlanden und England konnte sich der Protestantismus durchsetzen, in Deutschland kam es zu einem Gleichgewicht von Luthertum und Katholizismus. In Frankreich kam es unter Heinrich IV. zu einer ersten wirklichen religiösen Toleranz. Das Toleranzedikt von Nantes 1598 regelte die freie Ausübung des Glaubens und weitgehende bürgerliche Gleichberechtigung. Diese Freiheit wurde jedoch 1685 unter Louis XIV. wieder aufgehoben.[108]

Die radikalen Gegenreformationen in den habsburgisch regierten Ländern, Österreich, Bayern und Polen hatten auch eine weitestgehende Beseitigung des Protestan-

---

[103] Werner Schneiders, *Das Zeitalter der Aufklärung*, 3. Auflage 2005, München: C. H. Beck oHG, 1997, 128.

[104] Armin Sierszyn, *2000 Jahre Kirchengeschichte, Band 3*, 353.

[105] Merill F. Unger, *Ungers großes Bibelhandbuch,* siehe unter: „Die katholische Gegenreformation", 703.

[106] Wolf Dieter Hauschild, *Lehren der Kirchen und Dogmengeschichte, Band 2: Reformation und Neuzeit,* 3. Auflage, Gütersloh: Gütersloher Verlagshaus, 2005, 582.

[107] Daten der Kriege: Hugenottenkriege: 1562-1598; Dreißigjähriger Krieg: 1618-1648, nachzulesen bei: Armin Sierszyn, *2000 Jahre Kirchengeschichte, Band 3*, 278. 387.

[108] Armin Sierszyn, *2000 Jahre Kirchengeschichte, Band 3*, 383.

tismus zur Folge. Die Kriege führten in den Ländern zu verheerenden ökonomischen und moralischen Schäden. Die Verluste unter der Bevölkerung waren enorm.[109] Diese geschichtlichen Ereignisse waren von Machtstreitigkeiten und großem Leid in der Bevölkerung geprägt. Sie gaben im späteren Verlauf der Epoche der Aufklärung sowohl Kirchenkritikern als auch Gott- und Glaubenskritikern den Nährboden, den sie für ihre Forderungen nach mehr Selbstbestimmung und Humanität brauchten. Von der gepredigten Liebe Gottes oder Menschlichkeit war in diesen kriegerischen Auseinandersetzungen nichts sichtbar. Daher wuchsen die Forderungen nach einer Trennung von Kirche und Staat, sowie einer wirklichen Freiheit für den persönlichen Glauben und einer Freiheit im Denken und Handeln.[110] Die Menschen sehnten sich nach Freiheit, die sie von diesem menschlich-religiösen Machtwahn erlösen sollte. Die Ideologien der Aufklärung verbunden mit der persönlichen Gnadenlehre Luthers ermöglichten einen gangbaren Weg.

3.2 Auswirkungen auf die Autorität der mittelalterlichen Kirche

Die Kriege des 17. Jh.s veränderten die Einstellung der Menschen im Mittelalter zur Kirche und dem damit verbundenen Christentum.

Die Machtansprüche religiös ausgerichteter Parteien, Kirchenführern und konfessionell bestimmten Politikern, gefährdeten den Frieden der Menschen und führten zu moralischen und ökonomischen Schäden im Land. So sehr die Kriege realpolitische und dynastische Ursprünge hatten, so waren sie doch Religionskriege, die das Gute der kirchlichen Moral und der kirchlichen Weltsicht in Frage stellten. Durch die konfessionellen Spaltungen wurde die geistliche Alleineinherrschaft der katholischen Kirche durchbrochen, wodurch eine erste zumindest kleine denkerische Freiheit ermöglicht wurde. Die Veränderung im Welt- und Menschenbild führte zu einem weiteren geistigen Aufbruch. Ein neuer Freiraum für Reformbestrebungen aller Art tat sich auf: die Politik wurde weltoffener, Staats- und Gesellschaftsformen wurden überdacht, Handels- und Kolonialwirtschaft wurden ausgebaut. Darüber hin-

---

[109] Wolfgang Gericke, *Theologie im Zeitalter der Aufklärung*, 5;
ebenso: Armin Sierszyn, *2000 Jahre Kirchengeschichte, Band 3*, 387.
[110] Klaus Schatz, *Die Kirchengeschichte der Neuzeit II* , 3. Auflage, Düsseldorf: Patmos Verlag GmbH & Co. KG., 1989, 7.21.25.

aus wurden neue Theorien zur Erklärung der Welt und der Weltgeschehnisse entwickelt.[111]

An dieser Stelle sind vor allem zwei philosophische Erklärungsansätze zu nennen: Der Rationalismus und der Empirismus. Als Vertreter des Rationalismus gelten Descartes, Spinoza und Leibniz. Für den Empirismus stehen Hobbes, Locke und Hume. Der Rationalismus erklärte die Welt vor allem durch vernünftige Schlussfolgerungen. Im Gegensatz dazu erklärte der Empirist die Welt durch die sinnliche Wahrnehmung.[112]

Der Empirismus stand im Gegensatz zum Rationalismus, der die Vernunft als für den Erkenntnisprozess wesentlich hervorhob. Unabhängig von seinem philosophischen Wahrheitsgehalt bildete der Empirismus eine Grundlage für das wissenschaftliche Arbeiten. Seine Bedeutung reicht bis in die Gegenwart. Neben der Abduktion bildete die Induktion als typische Schlussweise des Empirismus das Fundament wissenschaftlicher Theoriebildung. Als logischer Empirismus oder Positivismus floss der Empirismus auch in moderne Strömungen der Philosophie ein.[113]

Ein Veränderungsprozess begann. Die Politik wurde pragmatischer. Sie ging in ihrem Handeln nicht mehr dogmatisch, sondern weltlich, vernünftig und vor allem dem Menschen zweckdienlich und -mäßig vor. Abschließend ist der aufgeklärte und in seinem Handeln veränderte Absolutismus des 18. Jh.s mit seinen unterschiedlichen staatskirchlichen Einstellungen und Praktiken zu nennen. Friedrich II. von Preußen förderte eine Öffnung des Landes und trat für die Toleranz gegenüber verschiedenen Konfessionen ein. Kaiser Joseph II. hingegen mischte sich massiv reformerisch in die inneren Angelegenheiten der katholischen Kirche, v. a. in den habsburgerisch regierten Landesteilen, ein. 1781 erließ er hierzu ein Toleranzedikt. Darüber hinaus förderten die neuen Machthaber das Kultur- und Wirtschaftsleben. Änderungen in der feudalen Gesellschaftsordnung selbst nahmen sie nicht vor. Diese Entwicklungen waren der Ausgangspunkt für die Entstehung eines neuen Bewusstseins der geistigen Selbstbestimmung eines neuen Bürgertums: die „Aufklärung“[114].

---

[111] Ernst Troeltsch, *Schriften zur Theologie und Religionsphilosophie (1888-1902), Band 1*, Berlin: de Gruyter Verlag, 2009, 899.

[112] Wolfgang Röd, *Der Weg der Philosophie von den Anfängen bis ins 20. Jahrhundert: Band 2, 17. bis 20. Jahrhundert*, überarbeitete Ausgabe, 1. Ausgabe 2000, München: C.H. Beck, 1996, 32.33.

[113] Wolfgang Röd (Hrsg.), Stefano Poggi, *Geschichte der Philosophie, Band X: Die Philosophie der Neuzeit, Positivismus, Sozialismus und Spiritualismus im 19. Jahrhundert*, München: C. H. Beck, 1989, 86.142.143.

[114] Wolfgang Gericke, *Theologie und Kirche im Zeitalter der Aufklärung*, 19.

3.3 Aufklärung – der Ausgangspunkt einer kulturellen Veränderung

„Die Aufklärung ist Beginn und Grundlage der eigentlichen modernen Periode der europäischen Kultur und Geschichte im Gegensatz zu der bisher herrschenden kirchlich und theologisch bestimmten Kultur."[115]

Der Ausdruck „Aufklärung" wurde ursprünglich in der Meteorologie angewendet und wird mit „Klarheit" und „Licht" in Verbindung gebracht.[116]

Die aufklärerischen Gedanken begannen zunächst im theologischen Bereich. So ging es dem Theologen Joachim Spalding in seinen Ausführungen über die Aufklärung nicht um einen Ersatz der Religion durch die Vernunft, sondern um eine „Aufklärung der vernünftigen, natürlichen Religion durch die Offenbarung"[117]. Im Kern ging es Spalding um die Geisterunterscheidung im Lichte des Evangeliums. Philosophen, Wissenschaftler, Theologen und die Dichter jener Zeit suchten nach der wirklichen Wahrheit über den Glauben, das Übernatürliche und den Verbleib der Seele nach dem Tod. Bis zur Aufklärung band die herrschende kirchliche Lehre „als öffentliche Religion die Wahrheit des Glaubens an eine rechtsförmige Geltung dieser Wahrheit in der Form der kirchlichen Autorität"[118]. Darüber hinaus war sie eng an die staatsrechtliche Autorität gekoppelt. Die Macht, über Richtig und Falsch und über den Sündenerlass entscheiden zu können, lag ausschließlich bei der Institution Kirche. Diesem autoritären Absolutheitsanspruch, der durch starre dogmatische Vorgaben untermauert wurde, standen die Gedanken einer eigenen, inneren freien Autorität gegenüber. Diese Gedanken führten zu einer Trennung von Theologie und Religion.[119]

Der Ausdruck „Aufklärung" entwickelte sich in unterschiedlichen Bereichen. Ein wesentlicher Beitrag kam seitens der Dichter und Künstler. Allen voran verlangte Lessing eine Verdeutlichung der Begriffe für ein klares Verständnis von Religion. Lessing ging von einer natürlichen Freiheit im Menschen aus. Diese Freiheit war für ihn ein Naturrecht, das ein bestimmtes Maß einer natürlichen Religion beinhaltete. Diese natürliche Religion würde in den verschiedenen positiven Religionen sichtbar.

---

[115] Zitat von Ernst Troeltsch, abgedruckt bei: Trutz Rendtorff, *Theologie in der Moderne, Über Religion im Prozess der Aufklärung, Troeltsch-Studien, Band 5*, Gütersloh: Gütersloher Verlagshaus Gerd Mohn, 1991, 29.

[116] Peter Pütz, *Die deutsche Aufklärung,* 4. überarbeitete Auflage, Darmstadt: Wissenschaftliche Buchgesellschaft, 1991, 12.24.

[117] Wolfgang Gericke, *Theologie und Kirche im Zeitalter der Aufklärung*, 19.

[118] Trutz Rendtorff, *Theologie in der Moderne, Über Religion im Prozess der Aufklärung*, 33.

[119] Trutz Rendtorff, *Theologie in der Moderne, Über Religion im Prozess der Aufklärung*, 34.

Der Mensch selbst, so Lessing, wäre aus seiner Vernunft heraus zu einem guten Handeln befähigt. Die positiven Religionen unterstützten dieses Handeln lediglich.[120] Da die Entwicklung des Menschen in direkter Abhängigkeit zu seinen gesellschaftlichen Rahmenbedingungen gesehen wurde, brauchte es hier eine tief greifende Veränderung. Bisher waren die Möglichkeiten der Entwicklung eines Menschen durch seine gesellschaftliche Stellung vorgegeben. Es brauchte eine Neuordnung der Gesellschaft. Gerade unabhängig von seiner gesellschaftlich vorgegebenen Stellung im Blick auf seine persönliche, natürliche Freiheit sollte dem Einzelnen die Möglichkeit gegeben werden, eine eigene Klarheit über die Dinge zu erhalten. Dahinter stand die Forderung für die Entwicklung eines breiten Bürgertums, das über eine ideologische Selbständigkeit und Eigenverantwortlichkeit verfügen sollte. Diese Selbständigkeit wurde in der Befreiung des Geistes, der Vernunft und des Verstandes durch ein neues Selbstbewusstsein, das durch Aufklärung und Bildung entwickelt werden konnte, gesehen.[121]

Immanuel Kant formulierte den Gedanken der „Aufklärung“ wie folgt:

> "Aufklärung ist der Ausgang des Menschen aus seiner selbstverschuldeten Unmündigkeit. Unmündigkeit ist das Unvermögen, sich seines Verstandes ohne Leitung eines anderen zu bedienen. Selbstverschuldet ist diese Unmündigkeit, wenn die Ursache derselben nicht am Mangel des Verstandes, sondern der Entschließung und des Mutes liegt, sich seiner ohne Leitung eines andern zu bedienen."[122]

Die Forderung der Aufklärer richtete sich an jeden einzelnen Menschen, das Individuum, seine ihm gegebene persönliche Freiheit im Denken und Handeln eigenverantwortlich wahrzunehmen. Lessing führte hierzu aus:

„Nicht die Wahrheit, in deren Besitz irgendein Mensch ist oder zu sein vermeinet, sondern die aufrichtige Mühe, die er angewandt hat, hinter die Wahrheit zu kommen, macht den Wert des Menschen.“[123]

Diese Gedanken lassen den Schluss zu, dass jeder Mensch für sich selbst eine eigene Antwort auf die Wahrheiten des Lebens finden müsse. Befähigt zu dieser Suche wäre er durch die eigene Vernunft, das eigene Denken, sowie durch persönliche Wahrnehmungen und Gefühle. In der Erkenntnis *seiner* Wahrheit fände er seinen Wert

---

[120] Panajotis Kondylis, *Die Aufklärung im Rahmen des neuzeitlichen Rationalismus*, Hamburg: Felix Meiner Verlag, 2002, 598.599.

[121] Panajotis Kondylis, *Die Aufklärung im Rahmen des neuzeitlichen Rationalismus*, 543.

[122] Dr. Ludwig Noack, *Immanuel Kants Auferstehung aus dem Grabe*, Leipzig: Verlag von Otto Wiegand, 1861, 6.

[123] Zitat von Lessing, abgedruckt bei: Wolfgang Gericke, *Theologie und Kirche im Zeitalter der Aufklärung*, 20.

und seinen eigenen Lebenssinn, der durch seine natürliche Freiheit die persönliche Entfaltung finde. Der Mensch hätte demzufolge seine gesellschaftliche Entwicklung und die Entwicklung seiner ihm gegebenen natürlichen Fähigkeiten selbst in der Hand. Niemand, das heißt, keine Autorität, wäre berechtigt, ihm einen bestimmten Wert vorzuschreiben.

Die größte Sehnsucht nach Wahrheit und Klarheit begann zunächst im Bereich der Theologie, wie die Reformation zeigte. Es folgte durch den kantschen Einfluss die Philosophie, die durch die Dichter jener Zeit unterstützt wurde. Die Aufklärung hatte für die Theologie zur Folge, dass eine Differenzierung zwischen der von Menschenhand gedruckten Bibel und dem Wort Gottes als einer „geistig-persönlichen und sittlich-religiösen Größe“[124] erfolgte.

Der geschriebene Buchstabe und die menschliche Vernunft standen sich in der Auslegung des Wortes gegenüber. Bis zur Aufklärung wurde die christliche Religion ausschließlich als Offenbarungsglaube verstanden. Ein Glaube, der sich allein von Gott her über die Kirche als Werkzeug Gottes dem Menschen offenbarte und keine Kritik zuließ. Seit dem 17. Jh. entwickelte sich eine neue vorherrschende, gesamteuropäische Bewegung der Rationalität und Humanität. Die Aufklärung wurde zu einer Epoche, die diese ideologischen Strömungen bündelte, kanalisierte und die weitere geistige Entwicklung Deutschlands neu programmierte. Die Philosophen der Aufklärung, insbesondere Immanuel Kant als Wegbereiter des Idealismus, waren es, welche die Entwicklung der beginnenden Moderne forcierten. Sie waren die neuen geistigen Väter, die die deutschen Dichter und später auch die protestantischen Theologen prägten. Vor allem die liberale Theologie von Ferdinand Christian Baur und der Tübinger Schule wurden stark beeinflusst.[125]

Eingangs wurde „Kultur“ in Anlehnung an Hofstede als mentale Programmierung definiert. Hier wird deutlich, dass die bisher durch kirchliche Traditionen und Dogmen gesetzten Kernwerte der europäischen Kultur im Blick auf die Neubewertung des Menschen in seinem Sein und Tun eine Veränderung erfuhren.

Der Ansatz Kants, dass die Freiheit zum selbständigen, vernünftigen Handeln in jedem Einzelnen gegeben sei, und dass er sich diese Freiheit bewahren müsse, revolutionierte das Denken aller gesellschaftlichen Schichten. Dies schlug sich in Dichtung und Kunst, parallel hierzu im Wissenschaftsbereich und im Folgenden in der sozialgeschichtlichen und bildungsmäßigen Entwicklung des Bürgertums und letztlich im

---

[124] Wolfgang Gericke, *Theologie und Kirche im Zeitalter der Aufklärung*, 5.

[125] http://www.bible-only.org/german/handbuch/Idealismus.html, 12.09.2011.

politischen Leben nieder. Jedoch konnte eine „Synthese von Bürgerlichkeit und humanistischer Bildung“ in Deutschland erst im 19. Jh. sichtbare Erfolge aufzeigen.[126] Goethe führte zum Einfluss Kants aus:

„Kant ist der vorzüglichste der neueren Philosophen, ohne allen Zweifel. Er ist auch derjenige, dessen Lehre sich fortwirkend erwiesen hat und die in der deutschen Kultur am tiefsten eingedrungen ist.“[127]

Der Mensch erhielt durch seine ihm zugestandene natürliche, objektive Freiheit ein neues Stellen*wertbewusstsein*. Dies führte zu einem völligen gesellschaftlichen Umdenken: einem vernünftigen, aus der eigenen Freiheit entstehenden Denken, das autoritätskritisch, nur auf wissenschaftlichen Erkenntnissen und Forschungen ausgerichtet, alle kulturellen Ebenen durchdringen sollte. Aus diesem neuen Denken heraus entwickelte sich eine neue moderne Kultur mit einer individuellen Wert- und Selbstbestimmung.

3.4 Das religiöse Erbe der Aufklärung zu Beginn des 19. Jahrhunderts

Die Lösung von der kirchlichen Gebundenheit war ein Prozess, der in der zweiten Hälfte des 18. Jh.s immer deutlicher zu Tage trat. Die Frage nach Glaube und Religion wurde aus wissenschaftlicher Sicht neu betrachtet. Im Zentrum stand die menschliche Erkenntnis aus der empirischen Erfahrung heraus. Aus dieser neuen Perspektive entwickelten sich praktische Bewegungen im religiösen Alltag. Das Erbe des 17. und 18. Jh.s, der Epoche der Aufklärung, kann in zwei Teilbereiche untergliedert werden: „den für die wissenschaftliche Betrachtung der Religion erarbeiteten Kategorien und aus den die Religion subjektivierenden und individualisierenden praktisch-religiösen Bewegungen.“[128]

An die Stelle der dogmatischen Betrachtung trat eine psychologische Betrachtung. Religion und Glaube wurden zu einer seelischen Erscheinung, da sie auch bei fremden Kulturen auftrat. Diese Entdeckung war für die Wissenschaft ein Beweis dafür, dass Religion eine allgemein vorhandene seelisch-subjektive Erscheinung war. Diese Subjektivität führte zu einer Individualisierung des religiösen Lebens. Weitere Lebensbereiche wurden aus psychologischer Sicht neu bewertet: Recht, Staat, ebenso Moral und Kunst. Die Religion wurde dadurch lediglich zu einem Anhang der Moral.

---

[126] Panajotis Kondylis, *Die Aufklärung im Rahmen des neuzeitlichen Rationalismus,* 543.

[127] Wolfgang Kraus, *Denken mit Immanuel Kant, Eine Einführung in die Gedankenwelt des Vaters der modernen Philosophie*, Zürich: Diogenes Verlag AG, 2005, Buchrückseite.

[128] Ernst Troeltsch, *Schriften zur Theologie und Religionsphilosophie (1888-1902)*, Band 1, 900.

Religion wurde zu einer Stütze und einer Voraussetzung, oder teilweise auch als Vollendung der Moral betrachtet.[129]

Spätestens zu diesem Zeitpunkt wurde die Theologie zur Dienerin der Philosophie. Das Christentum war nur noch eine Religion unter vielen anderen ebenso positiv ausgerichteten Religionen. Man sprach von einer „natürlichen Geschichte der Religionen"[130]. Demnach trägt jeder Mensch eine religiöse Veranlagung in sich, woraus verschiedene historische Religionen entstanden sind.

Religionsgeschichte und Religionsphilosophie vermochten es jedoch nicht, die Metaphysik mit ihren empirisch fassbaren Vorgängen zu erklären. Hier fand das Denken des 17./18. Jh.s keine Lösung. Die Philosophen der damaligen Zeit, Hobbes, Holbach und Voltaire, wurden zu Vertretern des Materialismus und der Skepsis. Sie klammerten die Religion für sich vollends aus.[131]

Im Gegensatz dazu sprachen sich Leibniz und Locke für die Möglichkeit einer Religion aus. Kant versuchte die reine Vernunft in Einklang mit dem Geist zu bringen, denn das im Menschen gegebene religiöse Denken konnte nicht verleugnet oder ignoriert werden.[132]

Kant nahm ausführlich zum Thema „Glaube" Stellung. Er führte in seiner „Critik der reinen Vernunft"[133] aus, dass „das Wissen aufgehoben werden müsse, um zum Glauben Platz zu bekommen"[134]. Er beabsichtigte damit nicht, den Glauben gegen das menschliche aus der Vernunft entspringende Wissen auszuspielen. Er wollte den wahren und rechten Glauben etablieren, der allen Menschen einen Zugang zum wahrhaften Wissen ermöglichte. Aufgrund dessen formulierte er drei Grundsätze, die den falschen Glauben entlarven sollten:

Ein nur auf göttliche Offenbarung gegründeter Glaube könne kein gerechter Glaube sein, da er nicht der Vernunft entspräche. Dies wäre ein reiner, auf eine bestimmte historisch entwickelte Religion ausgerichteter Glaube, der zufällig dem Menschen zu Teil würde, der in den historischen Umkreis dieser Religion hineingeboren worden wäre. Einen geschichtlich entwickelten Glauben lehnte Kant ab, wodurch er den christlich spezifischen Erlösungsglauben gänzlich ablehnte. Ebenso lehnte er einen

[129] Ernst Troeltsch, *Schriften zur Theologie und Religionsphilosophie (1888-1902)*, Band 1, 901.

[130] Zitat von Ernst Troeltsch in: Realencyclopädie für Protestantische Theologie und Kirche, begründet von J.J. Herzog, herausgegeben von Albert Hauck, Band 4, Christiani-Dorothea, 3. verbesserte und vermehrte Auflage, Leipzig: Hinrichs, 1898, „Deismus", 548.

[131] Ernst Troeltsch, *Schriften zur Theologie und Religionsphilosophie (1888-1902)*, Band 1, 901.902.

[132] Ernst Troeltsch, *Schriften zur Theologie und Religionsphilosophie (1888-1902)*, Band 1, 902.

[133] Immanuel Kant, *Critik der reinen Vernunft*, Riga: Hartknoch, 1781.

[134] Wolfgang Gericke, *Theologie und Kirche im Zeitalter der Aufklärung*, 129.

auf Kirchensatzungen und einen auf willkürlichen, menschlichen Autoritäten ausgerichteten Glauben ab. An dieser Stelle betonte er die individuelle Freiheit des Glaubens. Echter Glaube entstehe nur durch ein freiwilliges Bekennen. Schließlich sah er die Moral als letztendliche Rechtfertigung für die Existenz des Glaubens an. Der Glaube hatte für ihn eine persönliche Substanz und war nicht auf äußere Einhaltung von Dogmen ausgerichtet, womit er sich klar gegen die Sünden- und Sittenlehre der mittelalterlichen Kirche aussprach. Denn der Mensch trüge in sich eine Erkenntnis über die notwendigen Pflichten. Der Mensch sei verpflichtet, gemäß dem eigenen Gewissen diese Pflichten in einem Gott wohlgefälligen Leben zu erfüllen.[135]

„Die moralische Selbsterkenntnis, die in die schwerer zu ergründenden Tiefen des Herzens zu dringen verlangt, ist aller menschlicher Weisheit Anfang."[136] Die mittelalterliche kirchliche Praxis war nach dem humanistisch rationalen Verständnis der Aufklärung inhuman und deshalb inakzeptabel. Entscheidend war für das weitere Denken: „Primo humanitas! In dubio pro humanitate concreta!"[137] An erster Stelle sollte die Menschlichkeit stehen und im Zweifel nur das gelten, was dem Menschen entspräche und nütze.

Hier erfährt das Erkenne-Dich-Selbst-Prinzip der alten hellenistischen Philosophie in Verbindung mit dem zunehmenden humanistischen Denken eine Renaissance. Der Mensch wird zum Ursprung des Guten. Dieser Gedanke steht in gänzlichem Gegensatz zum biblischen Verständnis über das Gute. Danach ist nur Gott selbst gut (vgl. Mk 10,18; Lk 18,19). Nur durch ihn, aus seinem Wort heraus, entsteht das Gute (vgl. 1Mose 1,31). Er ist der Ursprung von Weisheit und Erkenntnis (vgl. Spr 2,6). Die Gottesfurcht wird zum Anfang der Erkenntnis (Spr 1,7; vgl. auch 1Kor 1,18-25; 2Tim 3,13-17; Jud 8-16). Nur ein Erkennen von Gott und seiner Wesenszüge birgt folglich wahre Erkenntnis und Weisheit über das menschliche Sein und seiner Ziele in sich.

Auf Gottes Wort hin entstand die Erde, aus dieser Erde wurde der Mensch erschaffen und aus Gottes Kraft lebendig (vgl. 1Mose 1,6.26; 2,7). Gott selbst ist Ursprung des guten Handelns und Lebens. Der Mensch ist unabhängig von diesem Guten unfähig, das wirklich Gute zu vollbringen (vgl. Röm 7,20). Daraus ergibt sich eine gegensätz-

---

135 Wolfgang Gericke, *Theologie und Kirche im Zeitalter der Aufklärung*, 130.

136 Wolfgang Kraus, *Denken mit Immanuel Kant, Eine Einführung in die Gedankenwelt des Vaters der modernen Philosophie*, 43.

137 Hans Lenk, *Albert Schweitzer: Ethik als konkrete Humanität*, Münster: Lit Verlag, 2000, 104.

liche Botschaft, die ich wie folgt formuliere: Erkenne Gott und du findest zu Dir zurück!

Dies ist ein entscheidender Punkt. Auf der Suche nach sich selbst hat sich der Mensch in sich selbst und seiner sündhaften Natur hoffnungslos verloren. Er ist in eine neue Art von Gefangenschaft in sich selbst geraten.[138]

Kants Philosophie verharmloste die Sünde. Die Sünde war für ihn keine Tod bringende Macht. Er lehnte sie durch die sittlich vorhandene Vernunft ab. Demzufolge konnte als logische Konsequenz der Tod Jesu Christi niemals als vernünftig, gerecht oder wahr angesehen werden. Kant verneinte damit nicht die Existenz Gottes selbst, aber er legte die entscheidende Gerechtigkeit in den einzelnen Menschen hinein. Er sah in jedem Menschen die persönliche Freiheit zur sittlichen Selbstbestimmung. Das humanistische Menschenbild nahm an, dass der Mensch aufgrund seines Gewissens und seiner Vernunft befähigt wäre, das Gute zu vollbringen. Er musste aus sich heraus Gott ähnlicher werden.

Daraus erwuchsen die weiteren Werke Kants wie z. B. das Werk „Zum ewigen Frieden“ (1795). Mit seinen Werken ist er bis in die Gegenwart hinein der bedeutendste, den europäischen Raum prägende Philosoph überhaupt. Ganze Generationen des gebildeten Bürgertums wurden in diesem neuen und vernünftigen Geist erzogen und damit mental programmiert.[139]

Kant löste die Religion in eine vernünftige und eine von Natur gegebene Moral auf. Er legte damit den entscheidenden mentalen Grundstein für eine zunehmende Entkirchlichung und Subjektivierung.

Erste Folgen zeigten sich in den religiösen Bewegungen des 17./18. Jh.s. Viele Gemeinschaften zogen sich aus dem aktiven gesellschaftlichen Leben auf reine religiöse Glaubens- und Gesinnungsgemeinschaften zurück. Das weltliche Leben, Staat und Gesellschaft als Ganzes, wurden freier und zunehmend humanistischer ausgerichtet. Die Religion hingegen konzentrierte sich auf sich selbst. Ernst Troeltsch bewertet diese Entwicklung in seinen Ausführungen wir folgt:

> „Damit ist denn auch der Druck des staatskirchlich aufrecht erhaltenen Dogmas und der Hierarchie gemildert und der Religion bei sich selbst freiere Bewegung gewährt. So erhebt sich jetzt das Programm des religiösen Subjektivismus, der Religionsfreiheit, des Toleranzstaates gerade als eine Forderung des religiösen Bewusstseins und wird von den Kirchen eine Reorganisation verlangt rein auf Grund innerer religiöser Kräfte ohne Verquickung mit dem

[138] Nähere Belege hierfür finden sich Kapitel 9 und 10 dieser Arbeit.
[139] Wolfgang Gericke, *Theologie und Kirche im Zeitalter der Aufklärung*, 130.

Staat."[140]

Hier wird deutlich, dass sich die Kirche nicht nur als Institution, sondern auch in ihrem inhaltlichen Auftrag, als Vermittlerin des Glaubens, neu finden musste. Sie hatte durch den herrschenden Machtmissbrauch im Mittelalter an Autorität und Ansehen in der Gesellschaft und vor allem an *Glaubwürdigkeit* verloren. Das geistige Ruder Europas wurde von den aufgeklärten Dichtern und Künstlern jener Zeit ergriffen. Die Folgen dieser Veränderung werden in ihren Auswirkungen v. a. in der zweiten Hälfte des 20. und dem beginnenden 21. Jh. sichtbar.

[140] Ernst Troeltsch, *Schriften zur Theologie und Religionsphilosophie (1888-1902)*, Band 1, 904.

4 Innere und äußere Freiheit

4.1 Allgemeiner Freiheitsbegriff

Der Freiheitsbegriff ist ein sehr weiter und vielfältiger Begriff, dessen Definition sich als schwierig erweist. Würde man eine Umfrage in verschiedenen Ländern durchführen, würden die Menschen in unterschiedlichen Kulturen verschiedene Vorstellungen und Empfindungen darüber äußern. Würde man in einem die Menschen unterdrückenden, diktatorisch geführten Land die Vorstellungen über Freiheit erfragen, würden die Menschen voraussichtlich sagen, dass sie eine politische Freiheit wünschten. In anderen Kulturen, deren Herrschaftssysteme bereits sehr liberal sind, würden die Menschen sich vielleicht eine Freiheit von Angst und Sorgen wünschen. Was Freiheit letztlich ausmacht und ausdrückt, wird vor allem durch das Gegenteil offenbar: Unfreiheit.

Ein unfreier Mensch, bspw. ein Sklave, kann nicht über seine eigene Zeit verfügen oder sein eigenes Handeln entscheiden. Diese werden durch den darüber gesetzten Herrn verfügt und bestimmt. In vielen Völkern wurde zwischen Freien und Sklaven, sowie Abhängigen und Unabhängigen unterschieden. Beispiele hierfür finden sich in der antiken, vor allem in der römischen Herrschaftsgeschichte (vgl. Apg 22,28; Kol 3,22). Äußere Freiheit war ein Zeichen, das man entweder durch Geburt mit sich brachte oder durch einen besonderen Verdienst erlangte. In den hoch stehenden Staatsformen der griechischen und römischen Kultur war die persönliche Freiheit des Einzelnen ein unantastbares Bürgerrecht (vgl. Apg 22,28).[141]

Im Mittelalter waren etwa 80 Prozent der Bevölkerung Leibeigene. Sie unterstanden Grundherren, hohen Geistlichen oder Landesfürsten, denen sie verpflichtet waren.[142] Ihr Leben, ihr Besitz, ihr ganzes Sein war Eigentum der herrschenden Schicht. Eine Sehnsucht nach äußerer Freiheit zeigte sich in den Bauernkriegen im 16. Jh. Die Bauern versuchten sich eine neue Freiheit zu erkämpfen, die sie in den „zwölf Artikeln der Bauern"[143] genau benannten. Gefordert wurden unter anderem die Aufhebung der Leibeigenschaft und die Freiheit für das Jagen und Fischen.[144]

In der Philosophie wurde der Freiheitsbegriff weiter ausgedehnt. Die Philosophen strebten nach einer Freiheit von allen erdenklichen Bindungen, so auch von inneren

[141] Fritz Rienecker (Hrsg.), *Lexikon zur Bibel*, siehe unter: „Freiheit", 410-412.
[142] Armin Sierszyn, *2000 Jahre Kirchengeschichte, Band 3*, 92.
[143] Armin Sierszyn, *2000 Jahre Kirchengeschichte, Band 3*, 92-93.
[144] Armin Sierszyn, *2000 Jahre Kirchengeschichte, Band 3*, 93

Bindungen und Einschränkungen durch Ängste wie die Todesangst. Eine Freiheit, die Geist, Körper und Seele umfasste, sollte zu einer inneren, unerschütterlichen Ruhe, Glückseligkeit und einer den ganzen Menschen erfüllenden Ausgeglichenheit führen. Freiheit wird hierbei zu einem tiefen subjektiven Empfinden, das sich zunächst sachlich nicht pauschal darstellen lässt.[145]

Dieses Empfinden war das höchste Ziel, das sich die Philosophen erträumten. Jedoch wurde nur von wenigen berichtet, die dieses Ziel erreicht haben sollen; Diogenes oder Sokrates wurden stets als Vorbilder herangezogen.[146]

Allgemein kann festgehalten werden, dass eine Freiheit dann gegeben ist, *wenn der Mensch die Möglichkeit erhält, ohne Zwang zwischen verschiedenen Optionen zu wählen und sich für eine entscheiden zu können.* Eine Freiheit in diesem Sinne kann sich an äußeren Rahmenbedingungen, sowie an innermenschlichen Entscheidungsprozessen festmachen. Aus dieser persönlichen Freiheit und Unabhängigkeit heraus sollen innere Zufriedenheit, Glück und Freude erwachsen. Zu klären ist, von was der Mensch genau unabhängig sein oder werden muss, um diese Freiheit tatsächlich zu erleben. Die weiteren Ausführungen zeigen eine zunehmende persönliche, individuelle Unabhängigkeit und freie Selbstbestimmung im Denken und Handeln.

4.2 Individuelle Freiheit

4.2.1 Die Freiheit des Geistes – ein vernünftiges Naturrecht

Wie eingangs dargestellt, wurde die Sehnsucht nach Freiheit auf allen Ebenen deutlich: Politische Kriege forderten eine neue persönliche und humane Freiheit. Philosophisch-humanistische Vordenker postulierten ein freies Handeln im Angesicht der Vernunft und versuchten das Gute im Menschen zu fördern. Und Reformatoren wie Martin Luther strebten nicht nach einer Auflösung der kirchlichen Institution, sondern forderten die Freiheit von der Unterdrückung durch die Kirche. Diese Bestrebungen stellten die kulturellen Weichen für eine neue Gesellschaft.

Das noch heute im Bewusstsein tief verwurzelte Freiheitsdenken wurde vor allem durch die Philosophen der Aufklärung geprägt: „Ich denke, also bin ich!“[147] Diese

---

[145] Friedrich Wilhelm Joseph Schelling, *Philosophische Untersuchung über das Wesen der menschlichen Freiheit und die damit zusammenhängenden Gegenstände*, IX.

[146] Fritz Rienecker (Hrsg.), *Lexikon zur Bibel*, siehe unter: „Freiheit“, 410-412.

Aussage, die allgemein René Descartes zugerechnet wird, bezieht sich auf die Bewusstseinsphilosophie, die sich mit der Entstehung des menschlichen Bewusstseins befasst. Der Mensch realisiert, dass er denkt – nachdenkt. Durch Anregungen, ob Worte oder Bilder, werden im Menschen Prozesse in Gang und Ideen frei gesetzt. Durch die Befreiung des Geistes, die Befreiung des menschlichen Seins, welche sich durch sinnliche Wahrnehmung ausdrückt, und durch die zunehmende Erklärbarkeit, sowie die scheinbare Berechenbarkeit des Lebens wurde das „Wissen zum Können"[148]. Eine geistliche metaphysische Weltauslegung wurde durch eine konkrete Weltentfaltung ersetzt: „Die Welt wurde als offenes Aufgabenfeld erfahren."[149] Der Mensch wurde, basierend auf seiner Vernunft und der Erkenntnis seiner Wahrnehmung, zum initiativen und kreativen Individuum. Die Individualität und die Einzigartigkeit des menschlichen Wesens wurden darin gesehen, dass die Menschen alle bewusst wahrnehmen, dass sie etwas wissen, lernen und erfahren können. Innerhalb dieses Bewusstseins bleiben sie aber einmalig und subjektiv.[150] Dies ist der Ausgangspunkt der individuellen Freiheit.

Der Geist des Menschen sollte durch die Aufklärung von der geistlichen Bevormundung der Kirche befreit werden. Darin wurde von den Philosophen und Dichtern jener Zeit die Chance einer Bewusstseinsänderung hin zu dem wahren Sein des individuellen Seins gesehen und ergriffen. Das menschliche Bewusstsein wurde durch die Dogmen und Vorstellungen der Kirche als gefangen gehalten angesehen. Ein neues *Selbst*bewusstsein des Menschen sollte die Welt verändern. Der Mensch wurde in diesem neuen Geist als befähigt angesehen, durch sein

> „(wissenschaftliches) Wissen, (technisches) Tun und (diesseitiges) Hoffen angemessen in der Natur als Ganzes leben und handeln zu können, um (...) die Welt nicht verschieden zu interpretieren, sondern sie (...) zum wahren Glück hin zu verändern"[151].

---

[147] Ekkehard Martens, *Ich denke als bin ich. Grundtexte der Philosophie,* 4. Auflage 2006, München: Verlag C.H. Beck oHG, 2000, 133.

[148] Hans Schmidt, *Verheißung und Schrecken der Freiheit: Von der Krise des antik-abendländischen Weltverständnisses dargestellt im Blick auf Hegels Erfahrung der Geschichte,* 1. Auflage, Stuttgart/Berlin: Kreuz-Verlag, 1964, 10.

[149] Hans Schmidt, *Verheißung und Schrecken der Freiheit,* 10.

[150] Wilhelm Teichner, *Mensch und Gott in der Entfremdung oder die Krise der Subjektivität: Symposium 71, philosophische Schriftenreihe,* begründet von Max Müller, Bernhard Welte, Erik Wolf, herausgegeben von Robert Spaemann, Klaus Hemmerle, Alexander Hollerbach, München: Verlag Karl Alber GmbH Freiburg, 1984, 69.

[151] Ekkehard Martens, *Ich denke als bin ich. Grundtexte der Philosophie,* 10.

Zu „Kriterien der Normalität“[152] wurden das persönliche Denken, Fühlen und letztendliche Wollen. In der Eigenreflexion sollte sich der Mensch

> „sinnlich existierend erschließen. (...) So ist das wichtigste, wesentlichste Sinnenobjekt des Menschen der Mensch selbst, denn nur im Blick des Menschen in den Menschen entzündet sich das Licht des Bewusstseins und des Verstandes“[153].

Eine Schlussfolgerung daraus ist, dass der Mensch sich selbst als Gott ansah und sich durch seinen Anspruch auf Individualität selbst dazu erhoben hatte. Denn „die befriedete Einheit des Menschen mit sich selbst, die Vereinigung seines subjektiven Willens mit dem als das Allgemeine oder als das mystische Ganze auftretenden Willen – das ist die sittliche Lebendigkeit oder das Gute“[154].

Hier wird deutlich, dass der Mensch seine persönlichen Bedürfnisse und Empfindungen frei auf der Basis seines humanistischen Verstandes und seiner Vernunft ausleben sollte. Nur im Ergreifen dieser Freiheit wurde die Einheit gesehen, die der Mensch für sich brauchte, um persönliche Glückseligkeit zu erfahren. Im Streben nach Individualität geht aber der Blick auf ein Gegenüber verloren. Nicht nur der Mensch als Wesen wird zum Drehpunkt des Weltgeschehens, sondern der Einzelne wird zum Mittelpunkt für sich selbst. Diese Ich-Zentrierung hat nicht nur den Verlust einer Gottesbeziehung zur Folge, sondern sie wirkt sich auch auf zwischenmenschliche Beziehungen aus. Die singuläre Individualität zerstört die notwendige Basis für eine Gemeinschaft mit anderen Menschen. Der ursprüngliche Wert von Gemeinschaft, das sich gegenseitige Erkennen und Identifizieren geht, wie die weiteren Ausführungen zeigen werden, dabei verloren.

Die persönliche Freiheit, darunter fallen das eigene Leben und das persönliche Eigentum, wurde als unveräußerliches Recht eines jeden Bürgers angesehen. Freiheit wurde zu einem *Naturzustand*, der eine vollkommene Freiheit beinhaltete. Innerhalb naturgesetzter Grenzen wurde der Mensch befähigt, seine Handlungen zu lenken, über seinen Besitz und seine Person zu verfügen, wie es jedem einzelnen am Besten erschien. Dies bedeutete eine freiheitliche Selbstbestimmung, die nicht von der Erlaubnis oder dem Willen irgendeines anderen Menschen abhing.[155]

---

[152] Wilhelm Teichner, *Mensch und Gott in der Entfremdung oder die Krise der Subjektivität,* 144.

[153] Wilhelm Teichner, *Mensch und Gott in der Entfremdung oder die Krise der Subjektivität,* 142.

[154] Jakob Hommes, *Krise der Freiheit: Hegel-Marx-Heidegger*, Regensburg: Verlag Friedrich pustet, 1958, 125.

[155] Alexandra Kloß, *John Locke – Geschichte der Grundrechte*, 1. Auflage 2008, Nordenstadt: Grin Verlag, 2008, 2.

Immanuel Kant ergänzte und untermauerte diese Aussagen mit den Ausführungen über die menschliche Vernunft, die ebenfalls von Natur aus im Menschen liegt. Nach dem kantschen Freiheitsbegriff ist Freiheit nur durch diese Vernunft möglich. Ohne Vernunft folge der Mensch einem Tier gleich seinen Trieben. Kraft der Vernunft aber sei der Mensch in der Lage, das Gute zu erkennen und sein eigenes Verhalten dementsprechend pflichtgemäß auszurichten. Nach Kant ist der Mensch nur dann wirklich frei, wenn er sich bewusst pflichtgemäß, also moralisch richtig verhält. Für Kant waren folglich das „freie Handeln" und das „moralische Handeln" ähnliche Begriffe. Hinzu kamen als Synonyme der „freie Wille" und der „gute Wille".[156] In diesem bewussten, richtigen und somit freien Handeln lag für Kant die Glückseligkeit des Menschen. Er führte hierzu aus:

> „Niemand kann mich zwingen, auf seine Art (wie er sich das Wohlsein anderer Menschen denkt) glücklich zu sein, sondern ein jeder darf seine Glückseligkeit auf dem Wege suchen, welcher ihm selbst gut dünkt, wenn er nur der Freiheit anderer, einem gleichem Zwecke nachzustreben, die mit der Freiheit von jedermann nach einem möglichen allgemeinen Gesetze zusammen bestehen kann, nicht Abbruch tut."[157]

Die einleitenden Worte des Zitats verdeutlichen den individuellen Denkansatz. Es geht einzig und allein um den subjektiven Menschen, „mein Ich". Freiheit war für Kant ein Recht, auf das ein Anspruch erhoben werden kann. In Verbindung mit dem humanistischen Weltbild wird der Wille des Menschen als grundsätzlich gut, für ein moralisch unzweifelhaft richtiges Handeln befähigt, angesehen. Die Richtigkeit des Handelns wird in der Fähigkeit des vernünftigen Denkens und in der aufrichtigen Suche nach dem persönlichen Glück angenommen.[158]

Bei der Suche nach dem persönlichen Glück wird jedoch eine Grenze sichtbar: Die Freiheit des Gegenübers (vgl. Mk 10,21.22). Hier braucht es Akzeptanz in Form von Toleranz.

Der Mensch war bis zum Zeitpunkt der Aufklärung durch den von außen gesetzten Zwang kirchlicher und absolutistischer Institutionen geleitet worden. Er konnte sein Leben nicht frei bestimmen, wodurch ihm, nach den Ansätzen der Philosophie, sein wahres Glück und seine Zufriedenheit logischerweise verwehrt wurde. Der nun stärker werdende philosophische Einfluss und das durch zahlreiche Kriege

---

156 Beatrix Himmelmann, *Kants Begriff von Glück*, Berlin: Walter de Gruyter Verlag GmbH & Co KG, 2003, 71.

157 Görg Haverkarte, *Rechtsfragen des Leistungsstaates - Verhältnismäßigkeitsgebot und Freiheitsschutz im leistenden Staatshandeln*, Tübingen: J. C. B. Mohr Verlag, 1983, 68.

158 Beatrix Himmelmann, *Kants Begriff von Glück*, 130.131.

und Unruhen geprägte gesellschaftliche Umfeld führten zu einer Veränderung in den verschiedenen kulturellen Bereichen. Freiheit, Unabhängigkeit und Selbstbestimmung wurden zu untrennbaren Begriffen, welche Erkenntnisse hervorbrachten, die eine Umsetzung und damit einen real lebbaren Raum forderten.

Die weiteren Ausführungen zeigen eine Veränderung im Moralverständnis, das sehr eng mit dem Wertebewusstsein verbunden war. Die Literatur und Kunst gaben neue Helden und Rituale vor, durch welche das neue Denken in die Gesellschaft hineingetragen wurde und woran sich der Mensch orientierte. Schließlich fand die humanistische und selbstbestimmende Freiheit ihren sichtbaren Niederschlag in der Veränderung der Staats- und Gesellschaftsformen, sowie in der Veränderung der Besitzrechte, der Berufs- und Bildungsmöglichkeiten.

4.2.2 Die Freiheit des menschlichen Willens

Die Frage nach dem freien Willen wurde auf philosophischer und theologischer Ebene vielfach diskutiert. Es lässt sich keine einheitliche Definition finden. Die entscheidende Frage in dieser Diskussion ist, ob der Mensch eine Wahl- oder eine Willensfreiheit besitzt. In der Antike, die in ihrem Denken vorwiegend scholastisch geprägt war, wurde lediglich eine Handlungsfreiheit, jedoch keine Willensfreiheit angenommen. Aristoteles war der Ansicht, der Mensch trüge ein inneres Streben in sich, das durch vernünftige und im Menschen selbst vorherrschende Rahmenbedingungen geführt würde. Innerhalb dessen wäge der Mensch ab und träfe eine Entscheidung. Diese Entscheidung führe ihn zum Handeln. Letztlich wird hier nur eine Wahlmöglichkeit angenommen. Aristoteles ging davon aus, dass die Wahlfreiheit nicht durch die äußeren Rahmenbedingungen bestimmt wurde, sondern durch den angeborenen oder erworbenen Charakter. Der Mensch trägt nach diesem Ansatz, trotz einer Determination, das heißt, einer bestimmten Festlegung in den Wahlmöglichkeiten, die volle Verantwortung für sein Handeln. Determination und Verantwortlichkeit sind demnach miteinander vereinbar. Diese Richtung nennt man Kompatibilismus.[159]

Die Stoiker ergänzten diese Vorstellung durch einen „Prozess des Prüfens“[160]. Der Mensch müsse entscheiden, was richtig oder falsch sei. Dies richte sich nach dem in jedem Menschen verankerten Gewissen. Erst der afrikanische Kirchenvater Augusti-

[159] Otto Kaiser, *Des Menschen Glück und Gottes Gerechtigkeit*, Tübingen: Mohr Siebeck Verlag, 2007, 3.4.

[160] Otto Kaiser, *Des Menschen Glück und Gottes Gerechtigkeit*, 5.

nus führte den freien Willen als eine selbstständige „anthropologische Konstituente" ein.[161]

Daran schloss sich eine Diskussion an, die die Spannung zwischen Determinismus und Freiheit erklären und lösen sollte. Innerhalb dieses Spannungsfeldes werden diverse Richtungen und Tendenzen unterschieden. Neben dem Kompatibilismus[162] gibt es den Inkompatibilismus[163], der sich wiederum in einen harten Determinismus und Libertarismus aufgliedert. Der harte Determinismus schließt die Vereinbarkeit von Freiheit und Determinismus aus. Es könne keine Freiheit geben, weil der Determinismus wahr sei. Kant dagegen glaubte an den gesunden Menschenverstand und sah darin eine immanente Freiheit als gegeben an.[164]

Entscheidend für die Diskussion ist die Klarheit über die Begriffe Freiheit und Determinismus. Eine zufrieden stellende Definition von Determinismus gibt es nicht. Selbst gegenwärtige Philosophen begnügen sich mit einer vagen Annahme von bedingten Rahmenbedingungen, die in der Natur vorgegeben sind, den so genannten „naturgesetzlichen Determinationen" oder „kausalen Bedingtheiten"[165].

In der Philosophiegeschichte werden drei unterschiedliche Determinationsquellen unterschieden: Die Naturgesetze, Gott und das Schicksal.

Bei den Naturgesetzen sollte, so bereits Kant, zwischen Koexistenzgesetzen und Sukzessionsgesetzen unterschieden werden. Bei den Koexistenzgesetzen handelt es sich um Gesetze, die eine bestimmte Abfolge beschreiben, jedoch keinen modalen, deterministischen Einfluss auf das Geschehen haben. So ist das Newtonsche Gravitationsgesetz ein solches beschreibendes Zustandsgesetz.[166]

Ein Beweis für die Kausalität von Ereignis formenden Naturgesetzen, das heißt, ein den Weltlauf bestimmendes modales Naturgesetz konnte wissenschaftlich nicht gefunden werden. Die Sukzessionsgesetze wurden zu Beginn des 21. Jh.s als eine rein theoretische Annahme für nicht existent erklärt.[167]

---

[161] Otto Kaiser, *Des Menschen Glück und Gottes Gerechtigkeit*, 3.

[162] Als Vertreter des Kompatibilismus können Hobbes und Hume genannt werden, nachzulesen bei: Geert Keil, *Willensfreiheit*, Berlin: Walter de Gruyter GmbH & Co. KG, 2007, 53.

[163] Als Vertreter dieser Richtung und einer stärkeren Betonung der persönlichen Freiheit des Individuums können Aristoteles und Kant genannt werden, nachzulesen bei: Geert Keil, *Willensfreiheit*, 10.11.

[164] Geert Keil, *Willensfreiheit*, 9.81.

[165] Geert Keil, *Willensfreiheit*, 15.

[166] Geert Keil, *Willensfreiheit*, 29.30.

[167] Volker Gerhardt, Rolf-Peter Horstmann, Ralph Schumacher, *Kant und die Berliner Erklärung. Akten über den IX. Internationalen Kant Kongress*, Band 4, Berlin: de Gruyter Verlag GmbH & CoKG, 2001, 568.569.

Übrig bleibt nur Gott oder das Schicksal bzw. der Zufall, als den Weltlauf bestimmenden Faktor. Dem zufälligen Schicksal wird in dieser Arbeit keine weitere Bedeutung beigemessen, da diese Determination dem Menschen überhaupt keine Freiheit lassen würde und sie außerdem für nicht existent gehalten wird (vgl. Eph 6,11). Übrig bleibt die Determinationsquelle „Gott“.

Im Alten Testament meint „Wille“ die „bewegende Kraft des Herzens“[168]. Die hebräischen Ausdrücke „näphäsch“ oder auch „ruach“ werden mit „Seele“, „Herz“, „Gemüt“ oder „Geist“ übersetzt.[169] Durch Gottes freien Willen wurde das Leben erschaffen (vgl. Offb 4,11). Innerhalb des Schöpfungsprozesses hauchte Gott selbst dem Menschen seinen lebendig machenden Geist ein (vgl. 1Mose 2,7). Dieser Geist oder auch Wille wurde zur obersten Funktion des Menschen. Der Wille wurde zum Zentrum der beeinflussbaren Regungen des Menschen (vgl. auch 2Chr 15,15; Est 9,5).

Bis zum Sündenfall bestand eine aus der Schöpfung heraus gegebene enge Verbindung zwischen dem Willen Gottes, dem Geist Gottes, und dem Willen des Menschen, dem Geist des Menschen. Im Menschen war der gleiche Odem wie in Gott. Diese innere geistliche Einheit ermöglichte eine äußere innige Gemeinschaft. Den Schluss, den ich daraus ziehe, ist, dass der Mensch über die gleiche Freiheit im willentlichen Entscheidungsprozess verfügte wie Gott. Eine Freiheit, die jedoch nur in Gottes Ebenbildlichkeit, aus der heraus sie entstand, als frei zu bewerten ist. Diese Freiheit, zeitlich unbegrenzter Sorglosigkeit, Schmerzfreiheit und ein uneingeschränktes paradiesisches Leben, hatte eine Grenze. Diese Grenze zeigt sich in folgender Anweisung Gottes:

> „Und Gott der Herr gebot dem Menschen und sprach: Du darfst essen von allen Bäumen im Garten, aber von dem Baum der Erkenntnis des Guten und Bösen sollst du nicht essen; denn an dem Tage, da du von ihm isst, musst du des Todes sterben“ (1Mose 2,16.17).

Durch das Gegenteil, den Tod, wird die Bedingtheit des geschenkten Lebens und der Freiheit deutlich. Freiheit bestand nur in direkter Abhängigkeit, das heißt, im Vertrauen zum Freiheitsgeber: Gott. Gott selbst war die Begrenzung für den Menschen. Der Teufel, verkörpert durch die Schlange,[170] flüsterte Eva Misstrauen hervorbringende Lügen ins Ohr:

---

[168] Fritz Rienecker (Hrsg.), *Lexikon zu Bibel,* siehe unter: „Wille, wollen“, 1534-1536.

[169] Fritz Rienecker (Hrsg.), *Lexikon zu Bibel,* siehe unter: „Wille, wollen“, “, 1534-1536.

[170] Genfer Studienbibel, *Bibelkommentar und Schlachter Übersetzung*, deutsche Ausgabe, Holzgerlingen: Hänssler Verlag, 1999, Fußnote zu 1. Mose 3,1, 14.

> „und die Frau sah, dass von dem Baum gut zu essen wäre und dass er eine Lust für die Augen wäre und verlockend, weil er klug machte. Und sie nahm von der Frucht und aß und gab ihrem Mann, der bei ihr war, auch davon und er aß" (1Mose 3,6).

Der Mensch sah sich in der Begrenzung durch Gott als unfrei. Er entschied sich im Streben nach unabhängiger Eigenverantwortlichkeit freiheitlich gegen das Gebot Gottes. In dieser Entscheidung verließ er bewusst und willentlich die göttliche Begrenzung und verlor die geistliche Einheit mit Gott.

Die gleiche Freiheit findet sich im Neuen Testament bei Jesus. Jesus wurde durch den Geist Gottes gezeugt (vgl. Mt 1,18). Auch er wurde vom Satan in der Wüste auf die Glaubensprobe gestellt (vgl. Mt 4,1). Er hielt an den Worten Gottes fest, wodurch er durch die Taufe im Heiligen Geist erneut als Sohn Gottes bestätigt wurde (vgl. Mk 9,7). Besonders deutlich wurde sein Ringen um die Einheit mit Gott am Ende seines Lebens: „Zum zweiten Mal ging er wieder hin, betete und sprach: Mein Vater, ist's nicht möglich, dass dieser Kelch an mir vorübergehe, ohne dass ich ihn trinke, so geschehe dein Wille!" (Mt 26,42). Diese Geschichte zeigt, dass Jesus Christus eine persönliche Willensfreiheit besaß, aber er unterstellte seinen Willen dem Willen Gottes (vgl. auch Lk 22,44). Jesus begab sich in vollstem Vertrauen in die Abhängigkeit zu Gott, den er als seinen Vater *und* Schöpfer anerkannte (vgl. Joh 5,19.20.30). Im Vertrauen auf den guten Gott blieb er in dessen Willen. Er blieb in dessen Geist und in der innigen Gemeinschaft mit ihm, wodurch er seine geistliche Freiheit behielt. Diese innere Freiheit wurde daran sichtbar, dass die äußeren Umstände seines Lebens ihn innerlich weder knechten noch seelisch töten konnten: Er hatte die Freiheit für seine Mörder um Vergebung zu bitten (vgl. Lk 22,44; 23,34).

Der Mensch war durch den Entschluss, Gott nicht zu vertrauen, der Sünde verfallen, wodurch er seine Freiheit in Gott verlor. Er wurde aus der Gemeinschaft mit Gott ausgegrenzt (1Mose 3,24). Er wurde dem Gesetz des Todes, einer die Freiheit maßgeblich einschränkenden Nichtigkeit, unterworfen. Der Mensch wurde unfrei. Der unfreie Mensch handelt aus seinem persönlichen fleischlichen Ich und seiner selbstherrlichen Vernunft heraus (vgl. Eph 2,3, Offb 3,17).

Somit verfügt der Mensch über eine gewisse Entscheidungsfreiheit, aber nicht mehr über eine wirkliche Freiheit des Willens, denn er ist dem Tod unterworfen, was die Macht der Sünde verdeutlicht:

> „Wisst ihr nicht, dass, wem ihr euch zur Verfügung stellt als Sklaven zum Gehorsam, ihr dessen Sklaven seid, dem ihr gehorcht? Entweder Sklaven der Sünde zum Tod oder Sklaven des Gehorsams zur Gerechtigkeit? (...) Frei gemacht aber von der Sünde, seid ihr Sklaven der Gerechtigkeit geworden" (Röm 6,16.18).

Paulus schrieb an Timotheus wie folgt: „(...) und sie wieder aus dem Fallstrick des Teufels heraus nüchtern werden, nachdem sie von ihm gefangen worden sind für seinen Willen" (2Tim 2,26). Und im Galaterbrief führte er aus: „Für die Freiheit hat Christus uns frei gemacht. Steht nun fest und lasst euch nicht wieder durch ein Joch der Sklaverei belasten!" (Gal 5,1).

Luther verglich den menschlichen Willen mit einem Reittier, das entweder vom Teufel oder von Gott besetzt wäre, ohne dass ein direkter Einfluss des Reittieres gegeben wäre. Die entscheidende Freiheit lag bei Luther gerade nicht in der menschlichen Natur, sondern in der Natur des gerechtfertigten Sünders.[171] Der Mensch selbst muss sterben.

Einen weiteren Aufschluss über die Freiheit soll folgende Diskussion über das menschliche Gewissen geben.

4.2.3 Freiheit für ein modernes Gewissen

Ein wichtiger Indikator, um die Bewertung einer Handlung als richtig oder falsch anzusehen, ist für die Theologie und die Philosophie das menschliche Gewissen.[172]

In den biblischen Erzählungen kamen durch den Verstoß gegen das Gebot Gottes, nicht vom Baum der Erkenntnis zu essen, zwei neue Erkenntnisse in das Bewusstsein der Menschen: Schuld und Scham (vgl. 1Mose 3,7 ff). Der Mensch versuchte einerseits seine Nacktheit vor Gott zu verbergen und andererseits kam es zu gegenseitigen Schuldzuweisungen. Der Wunsch sich zu verbergen, verbunden mit dem Wunsch in der Situation nicht der Schuldige zu sein, legte das Empfinden dar, zu wissen, eine Handlung sei nicht richtig. Der Mensch ist vor Gott schuldig geworden. Ein unbeschwertes freies, inniges Miteinander war verloren gegangen.

Der Ausdruck Gewissen kommt von dem lateinischen Ausdruck „conscientia" und bedeutet in seiner wörtlichen Übersetzung „Mit-Wissen"[173]. Im Allgemeinen versteht man unter dem Gewissen „ein Bewusstsein, eine im Denken und Wahrnehmen des

---

[171] Joachim Ringleben (Hrsg.), *Gottes Reich und menschliche Freiheit, Ritschl-Kolloquium (Göttingen 1989)*, Göttinger Theologische Arbeiten, Band 46, Zürich: Vandenhoeck & Ruprecht, , 1990, 99.

[172] Lothar Käser, *Fremde Kulturen, eine Einführung in die Ethnologie,* 129.

[173] Ludger Honnefelder, *Was soll ich tun, wer will ich sein? Vernunft und Verantwortung, Gewissen und Schuld*, Berlin: University Press 2007, 56.

Menschen vorhandene Instanz, die dem Menschen einen Anhaltspunkt gibt, wie er (richtig) handeln soll"[174]. Aus dieser Instanz heraus wird der Mensch dazu gedrängt, bestimmte Entscheidungen zu treffen. In der Philosophie wird unter Gewissen konkreter die „Instanz moralischer Beurteilungen einzelner Handlungen als Ort der Moralfähigkeit"[175] verstanden. Diese Instanz wird jedem Menschen zugerechnet. Sie wird häufig als Anlage, Keim oder Same im Menschen beschrieben, der sich entfaltet oder verkümmert und abstirbt.[176]

Kant sprach von „einem inneren Gerichtshof, einem inneren Gesetzgeber und Richter, der anklagt, verurteilt und freispricht"[177].

Der Psychologe Sigmund Freud bezeichnete das Gewissen als so genanntes „Über-Ich"[178]. Eine Instanz, die jedoch nach Freud nicht als absolut gesetzt betrachtet werden dürfe. Freud ging von einer Entwicklung durch die Sozialisation des Individuums aus: Von Bezugspersonen und der Umwelt geprägt, spiegele das Gewissen die Kultur der Eltern und des gesellschaftlichen Umfeldes wider.[179]

Die kulturellen Gegebenheiten sind durch ihre individuellen Werte sehr unterschiedlich in ihren moralischen Entwicklungen und Vorstellungen. Es gibt schuld- und schamorientierte Kulturen.[180] Das Maß des Gewissens wird folglich seiner Kultur entsprechend relativ.

Das Spannungsfeld der Diskussion um das Gewissen oder Über-Ich ist die Frage, ob das Gewissen eine von Gott gegebene unumstößliche Instanz ist. Eine Instanz, die jedem Menschen gegeben ist und aufzeigt, was Gut und Böse im Sinne Gottes ist oder nicht. Ein wesentlicher Parameter ist das Bewusstsein und damit zusammenhängend der Geist des Menschen. Das Bewusstsein ist eine Größe im Menschen, das nicht eindeutig ist und letztendlich nicht erforscht werden konnte. Die Philosophie geht jedoch von einer Bewusstseinsbildung aus. Gebildet durch Worte und Erkenntnisse, die im menschlichen Denken Raum finden.[181]

Ich komme im Rahmen dieser Diskussion vor dem biblischem Hintergrund zu dem Schluss, dass der Mensch in dem Augenblick, indem er die Frucht der Erkenntnis

---

[174] Ludger Honnefelder, *Was soll ich tun, wer will ich sein?*, 56.
[175] Michael Klessmann, *Pastoralpsychologie*, 493.
[176] Michael Klessmann, *Pastoralpsychologie*, 493;
ebenso: Adolph Henke, *Zeitung für die Staatsarzneikunde*, Band 73-74, Erlangen 1857, Verlag von J.J. Palm und Ernst Enke, 1857, 224.
ebenso: Lothar Käser, *Fremde Kulturen, Eine Einführung in die Ethnologie*, 129.
[177] Michael Klessmann, *Pastoralpsychologie*, 493.
[178] Michael Klessmann, *Pastoralpsychologie*, 493.
[179] Michael Klessmann, *Pastoralpsychologie*, 493.
[180] Lothar Käser, *Fremde Kulturen, eine Einführung in die Ethnologie*, 169.
[181] Ekkehard Martens, *Ich denke als bin ich. Grundtexte der Philosophie*, 133.134.

von Gut und Böse gegessen hatte, zum Mitwisser des Bösen wurde. Erst nach dem Verzehr der Frucht kam es zur Erkenntnis über das Empfinden von Schuld und Scham im Bewusstsein. Der Mensch schmeckte das Böse, er erkannte es, weil er davon durchdrungen wurde. Durch diese Erkenntnis fand es Raum im menschlichen Bewusstsein. Seine Gedanken wurden sozusagen vergiftet. Der Mensch erhöhte seinen Geist und richtete ihn gegen Gott. Das Böse wurde zu einem Teil des menschlichen Geistes, das „sich in der Sünde Adams manifestierte, zu einem Teil seiner Persönlichkeit, seiner moralischen Natur wurde“[182].

Bis zur Aufklärung wurden die moralischen Parameter, die das Bewusstsein prägten, fast ausschließlich durch die Autorität von Papst und Kirche vorgegeben. Die Kirche legte in ihrer geistlichen Autorität fest, welche Sünden als Sünden zu qualifizieren sind und welche Folgen damit verbunden waren. Die Kirche entschied, was für den Menschen gut und richtig war.

In der Annahme, das Bewusstsein steuern zu können, wurde der religiös theologische Gewissensbegriff schrittweise untergraben und verändert. Die Funktion des Gewissens wurde aus dem religiösen Kontext herausgetrennt und anderen Disziplinen zugerechnet. Der Mensch sollte sich von den gesetzten moralischen Zwängen befreien. Sie machten ihn unfrei, da sie jegliche Freude am Leben als sündhafte Gefahr ansahen. Verbunden mit den humanistischen Ansätzen, die das Gute im Menschen als gegeben ansahen, sollte der Mensch das durch die Kirchenzucht geprägte schlechte Gewissen in Erkenntnis seiner eigenen Vernunft ablegen, um dadurch eine neue Freiheit im Denken zu erlangen.

Die Bibel ermutigt den Einzelnen, alles zu prüfen und das Gute zu behalten, jedoch stets in der Kraft des Heiligen Geistes (vgl. 1Joh 4,1; 1Thess 5,21.23). Die weitere Entwicklung zu mehr Selbstbestimmung zeigt jedoch eine selbsterhöhende Geisteshaltung, die sich im Folgenden nicht an Glück bringenden, sondern eher Leben vernichtenden, also sündhaften, Handlungen manifestiert.

Den Ausführungen Kants folgten verschiedene Auffassungen. Es entwickelten sich zwei gegensätzliche Strömungen: der Materialismus und der Idealismus. Während der Materialismus, der sich überwiegend im östlichen Europa zur Grundlage des Marxismus weiterentwickelte, davon ausging, dass die materielle Wirklichkeit ge-

[182] Genfer Studienbibel, siehe unter: „Der Sündenfall“, 15.

genüber dem geistigen Bewusstsein einen Vorrang habe, entwickelte sich in Deutschland der Idealismus weiter.[183]

Zu den wesentlichen Problemstellungen des Deutschen Idealismus gehörten die Fragen nach dem Wesen und der Leistungsfähigkeit der menschlichen Vernunft und ihrem Verhältnis zu einem Absoluten, einer höheren transzendenten Welt.[184] Gesucht wurde nach dem absoluten Maß für ein gutes oder schlechtes Handeln. Die moralischen Vorstellungen drifteten auseinander. Durch die Entdeckung fremder Völker und Kulturen trafen große, unterschiedliche Moralvorstellungen aufeinander. Wissenschaftlich wurde festgestellt, dass der Mensch trotz der Gewissensveranlagung keine ethisch-moralischen Maßstäbe in sich trägt. Diese werden erst im Rahmen des Enkulturationsprozesses entwickelt.[185]

Trotz eines engen Dialogs zwischen Wissenschaft und Philosophie jener Zeit und nachweislich zahlreicher wissenschaftlicher Fortschritte, konnte die Wahrheit über den Beginn der Existenz des Menschen und damit verbunden der Same des Gewissens und des Bewusstseins nicht wirklich geklärt werden. Im Umkehrschluss konnten auch die Fragen nach dem wirklichen Beginn der Freiheit und die Freiheit im Denken und Handeln nicht befriedigend beantwortet werden.[186] Folgendes wurde deshalb seitens der Idealisten festgehalten:

„Damit ist der zu vollbringende Gottesbeweis ein unabdingbarer Teil (...). Der erste Ausgangspunkt aber ist von der bloßen Tatsächlichkeit, Sachlichkeit, Wesentlichkeit, Notwendigkeit, das heißt, die menschliche Vernunft.“[187]

Der Mensch konnte sich selbst oder seine Freiheit nicht beweisen, wodurch die Frage nach Gott unbeantwortet blieb. Schließlich erklärte er seine Vernunft und damit sich selbst zum absoluten Maßstab.

Der Idealismus wurde wegweisend für das weitere philosophische Denken und prägte die Ansätze und Grundlagen der Geisteswissenschaften entscheidend mit. Kulturelle, geistige, mediale, soziale, geschichtliche und politische Phänomene sollten wissenschaftlich genauer betrachtet werden. Diese Wissenschaften und die daraus gewonnen Erkenntnisse sollten die gesuchten Freiheit bringenden Erkenntnisse auf-

---

[183] Knaurs Lexikon, *12. Band Ma-Na,* Deutscher Bücherbund Stuttgart, Lexikographisches Institut München, 1975, siehe unter: „Materialismus“, 3906.

[184] Knaur Lexikon, *8. Band Ha-In,* siehe unter: „Idealismus“, 2761.

[185] Lothar Käser, *Fremde Kulturen, eine Einführung in die Ethnologie,* 130.

[186] Eva-Maria Engels, *Charles Darwin,* München: C.H. Beck oHG Verlag, 2007, 114.115.

[187] Wilhelm Teichner, *Mensch und Gott in der Entfremdung oder die Krise der Subjektivität,* 207.

zeigen. Sie beeinflussten die Werte, die Vorbilder, Vordenker und damit die gesamte gesellschaftliche Kultur.[188]

Darin wird die erhöhte Geisteshaltung des Menschen, die eingangs angedeutete Frucht des Baumes der Erkenntnis, besonders sichtbar. Der Mensch strebte nach allumfassendem Wissen in der Annahme, dort zur Klärung seines Selbst zu finden. Das Gottesverständnis der Bibel und ein idealisierter Ideenbegriff sind nicht dasselbe, da Gott nicht Idee, sondern persönliches Gegenüber als Schöpfer und Erlöser ist. Fremd ist dem Schöpfungsglauben der Bibel auch die Trennung von Geist und Natur, welche der Idealismus, aber auch die Liberale und Dialektische Theologie vollzogen haben.[189]

Einen scheinbar endgültigen Punkt fand die Diskussion über die Freiheit des Willens und des Gewissens im Laufe des 20. Jh.s. Die Philosophen der Gegenwart ließen Gott gänzlich außen vor. Friedrich Nietzsche erklärte Gott im 19. Jh. für tot und Albert Camus sah eine Hoffnung und Erfüllung des Lebens im ausgehenden 20. Jh. mehr im Tod als im Leben selbst.[190]

Jean-Paul Sartre, ebenfalls ein philosophischer Denker des 20. Jh.s, schrieb hierzu an seine philosophischen Kollegen:

> „Selbst wenn es einen Gott gäbe, würde das nichts ändern; das ist unser Standpunkt. Nicht als ob wir glaubten, dass Gott existiert, aber wir denken, dass die Frage nicht in seiner Existenz ist; der Mensch muss sich selbst finden und überzeugen, dass ihn nichts vor sich selber retten kann, wäre es auch ein gültiger Beweis der Existenz Gottes (...).“[191]

Sartre führte in seinen philosophischen Schriften weiter aus, dass der Mensch in sein Leben hineingeworfen wäre. Er sah darin nicht wirklich einen Sinn oder ein Ziel, sondern zufälliges Schicksal. Aus dieser unerträglichen Sinnlosigkeit „richtet sich der Mensch zu Grunde, damit Gott entstehe“[192]. Selbst in der Annahme, dass es einen Gott gäbe, könne darin keine Rettung gesehen werden. Der Mensch wäre wie er sei, daran könne sich nichts ändern. Denn der Mensch existiere einfach und müsse sein Leben selbst meistern. Die Gottesvorstellung wurde somit zu einer Möglichkeit der Existenzbewältigung. Sartre wurde, so Ausführungen in seiner Biographie, fast

188 http://www.bible-only.org/german/handbuch/Idealismus.html, 12.09.2011.
189 http://www.bible-only.org/german/handbuch/Idealismus.html, 12.09.2011.
190 http://koptisch.wordpress.com/2010/05/07/robert-spaemann-uber-die-auferstehung-glaubenszweifel-die-holle-und-das-ewige-leben/, 30.06.2011.
191 Karl-Heinz Weger (Hrsg.), *Religionskritik von der Aufklärung bis zur Gegenwart: Autoren Lexikon von Adorno bis Wittgenstein,* Freiburg im Breisgau: Herder Verlag Freiburg – Basel- Wien, 1979, 271.
192 Karl-Heinz Weger (Hrsg.), *Religionskritik von der Aufklärung bis zur Gegenwart,* 272.

wahnsinnig durch sein schlechtes Gewissen, das sich meldete, wenn er irgendeinen scheinbaren Fehler beging. Die Vorstellung, ein höheres Wesen namens Gott würde zuschauen und ihn verdammen, führte ihn in absolute Verzweiflung. Es knechtete ihn regelrecht. Er fühlte sich gebunden und verzweifelt, so dass für ihn nur der Tod eine befreiende Erlösung zu sein schien.[193]

Sartre proklamierte eine neue Freiheit durch den Existentialismus, der den Idealismus ablöste. In dieser neuen Geisteshaltung stand für Sartre fest, dass der Mensch seine Existenz sein müsse.[194] In dieser Erkenntnis, einer völligen Losgelöstheit von der göttlichen Metaphysik, lag Sartres Freiheit. Für ihn war das der wahre Kern des Humanismus: Der Mensch selbst ist die Transzendenz.[195] Dies führte wiederum zu dem Schluss, dass der Mensch selbst Gott sein muss. Der Mensch musste ganz auf sich gestellt entscheiden, was Gut und Böse war und entsprechend eigenverantwortlich handeln. Nur in dieser Selbstbestimmung wurde echte Freiheit gesehen. Der Mensch sollte demzufolge nur von sich selbst abhängig sein. Im Blick auf Sartres Biographie fand dieser jedoch durch seine Gedanken weder selig machendes Glück noch Frieden.

4.2.4 Freiheit für die Gefühle

Die Gedanken der Philosophen wurden von den Dichtern und Künstlern aufgenommen. An die Stelle der mittelalterlichen höfischen Dichtkunst trat eine Literatur, welche die Ideen der Aufklärung vertrat: Vernunft, Humanität und Nützlichkeit. Diese Ideale wurden auf sämtliche literarische Gattungen übertragen. In seiner Literaturtheorie, welche er 1730 in Leipzig mit dem Werk „Versuch einer Critischen Dichtkunst vor die Deutschen“ begann, verurteilte Johann Christoph Gottsched die Barockdichtung aus der Sicht der Aufklärer. Er widersetzte sich den Normen- und Regelpoetiken des Barocks und trat für eine Verbreitung der aufklärerischen Ideen in der deutschen Dichtung ein. Kern der Poetik Gottscheds war der aristotelische

---

193 Karl-Heinz Weger (Hrsg.), *Religionskritik von der Aufklärung bis zur Gegenwart*, 270.

194 Manfred Baum, Klaus Hammacher, Wolfgang Janke (Hrsg.), *Transzendenz und Existenz: Idealistische Grundlagen und moderne Perspektiven des transzendentalen Gedankens*, Amsterdam: Rodopi Verlag, 2001, 74.

195 Florian Mittle, *Der Glaube als letzte Sinnbestimmung. Maurice Blondels L'Action als Beitrag zur Moderne*, Wissenschaftliche Beiträge aus dem Tectum Verlag, Reihe Philosophie, Band 15, Marburg, 2010, 108.

Grundsatz von der Nachahmung der Natur und eine Forderung von Horaz, dass die Aufgabe der Dichtung die Verbindung von Vergnügen und Nutzen sei.[196]

Gottsched vertrat jedoch weiterhin die Ständeklausel: Adlige und Fürsten sollten nur in Tragödien und Heldendichtungen auftreten, Bürger und Leute mit geringem sozialen Status nur in Komödien und Romanen. Der Dichter sollte bei Gottsched ein Erzieher der Leserschaft im Sinne der Aufklärung sein.[197]

Lessings Standpunkt überwand die feudalen Literaturtheorien. Die Überwindung der Ständeklausel wurde dadurch ermöglicht, dass das Handeln des Menschen nicht in Abhängigkeit seines sozialen Standes gesehen wurde, sondern darüber hinausging. Lessing gab der Literatur eine neue Funktion: sie sollte das Leserpublikum sittlich erziehen. Dabei wurde das „Sittliche" mit dem „Vernünftigen" und „Schönen" gleichgesetzt.[198] Das Leben sollte in seiner Fülle genossen werden. Es begann die Selbstaufklärung des in seiner Erkenntnis vernünftig und mündig gewordenen Menschen in Unabhängigkeit seines sozialen Standes und äußeren Doktrin. Lessing regte in Folge dessen auch die Aufhebung allen Kirchenglaubens an:

> „Alles, was außer dem guten Lebenswandel der Mensch noch zu tun, zu können vermeint, um Gott wohlgefällig zu werden, ist bloßer Religionswahn und Afterdienst Gottes (...) die Religion des guten Lebenswandels als das eigentliche Ziel, um jener – der kirchlichen Religion – ereinst gar entbehren zu können, herbeizuführen."[199]

Die Gedanken fanden durch diverse moralische Zeitschriften, Literaturbriefe und Theaterzeitschriften einen ersten breiten Zugang zu den auf Bildung und Wissen aufmerksam gewordenen Menschen des gehobenen Bürgertums des 17. und 18. Jh.s. Zu diesem Bürgertum zählten Beamte, Lehrer, Bankiers, Juristen, Professoren, Ärzte u. a. Sie waren die Schaltstelle zur breiten Masse und wurden zu weiteren Multiplikatoren dieser modernen Gedanken. Eine neue, bislang unvorstellbare Möglichkeit der freien Meinungsäußerung und Bildungsfreiheit öffneten den Weg für zahlreiche weitere Öffentlichkeitsarbeiten. Die Bibel wurde zu einer moralischen Instanz unter vielen. Weitere Spezialzeitschriften folgten. Die Öffentlichkeit wurde zum Forum der bürgerlichen Gesellschaft. Alles konnte hinterfragt und diskutiert werden. Das

---

[196] Bernd Staudt, *Freiherr von Knigge und seine Bedeutung heute: eine Retrospektive, Essay,* 1. Auflage, Norderstedt/Germany: Grin Verlag für akademische Texte, 2008, 23.24.
[197] Bernd Staudt, *Freiherr von Knigge und seine Bedeutung heute: eine Retrospektive, Essay,* 24.
[198] Wilfried Barner, Gunter E. Grimm, Helmut Kiesel, Martin Kramer (Hrsg.), *Lessing: Epoche, Werk, Wirkung.* 6. Auflage, München: C.H. Beck Verlag, 1998, 67.
[199] Zitat von Lessing, abgedruckt bei: Theodor Brandt, *Basiswissen Kirchengeschichte,* 374.

absolut Richtige schien es nicht zu geben. Jeder Mensch musste für sich das Richtige und sein persönliches, seelisches Glück finden.[200]

Lessing legte einen Schwerpunkt auf das Ausleben von Gefühlen. Besonders das Drama diente hier als Rahmen gebende Grundlage zur Inszenierung der Zurschaustellung von Gefühlen. Im geschützten Rahmen der künstlerisch wachsenden Freiheit konnten Gefühle und innere Prozesse auf der Bühne öffentlich zur Schau gestellt werden. Für den Zuschauer war das Bühnenschauspiel wie ein innerer Spiegel seiner durch traditionelle Zwänge unterdrückten Gefühle.[201]

Lessing hatte es sich zur Aufgabe gemacht, das aufstrebende Bürgertum in der individuellen Entfaltung seiner Persönlichkeit aus der ursprünglichen Gefühlskraft heraus zu unterstützen. Die Gefühle waren ein Teil des Menschen und sollten frei ausgelebt werden dürfen. Darüber hinaus sah er durch die Anerkennung einer persönlichen Individualität die Chance für die Entwicklung einer neuen Gesellschaftsform, unabhängig von irgendeinem Standesdünkel durch ein neues Bürgertum.[202] Diese Epoche wird als „Sturm-und-Drang-Zeit“[203] bezeichnet.

Vor allem durch dramaturgische Werke wurde eine absolute Befreiung der Subjektivität erkämpft. Diese Freiheit äußerte sich bspw. durch eine Sprache des unmittelbaren Gefühlsausdrucks in den Dramen. Ein herausragendes Werk verfasste Johann Wolfgang Goethe: „Die Leiden des Jungen Werther“ (1774)[204]. In diesem Briefroman veröffentlichte Goethe eine wahre tragische Liebesgeschichte. Sie stellte die Reflexion des Individuums auf sich in den Mittelpunkt. Diese Geschichte wirkte wie ein Ventil, ein Ausweg für zurückgehaltene und versteckte Gefühle. Im Anschluss an die Veröffentlichung suchten zahlreiche Menschen den Freitod. Darin sahen sie eine einzige Möglichkeit zur Freiheit. Lieber eine Freiheit im Tod als ein gefangen bleiben in traditionsgebundenen, die persönlichen Gefühle unterdrückenden Verpflichtungen. Damit wurde auch der Glaube und die Angst aufgrund des katholischen Dogmas, Freitod sei Sünde, gesellschaftlich durchbrochen.[205]

Die freie Entscheidung für den Tod wurde zum Freiheit schaffenden Ziel.

Mit der veränderten Sichtweise über den Wert des Todes, erhielt dementsprechend das bisher sündhaft geltende Verhalten einen zunehmend anderen Wert.

---

[200] Wilfried Barner u. a. , *Lessing: Epoche, Werk, Wirkung,* 64.67.68.

[201] Wilfried Barner u. a. , *Lessing: Epoche, Werk, Wirkung,* 177.178.

[202] Wilfried Barner u. a. , *Lessing: Epoche, Werk, Wirkung,* 394.395.

[203] Knaur Lexikon, *17. Band, Sp-Ti,* siehe unter: „Sturm und Drang“, 5801-5802

[204] Heinz Abels, *Identität,* 130.

[205] Philipp Müller, *Freitod – die beste Lösung, eine Abrechnung mit der Lebens-Bejahung,* Norderstedt: Books on Demand GmbH, 2004, 102.138.184.

Die Romantik griff diese Gedanken auf und versuchte Vernunft und Sinnlichkeit in einer nie da gewesenen Form miteinander zu verbinden. Sie forderte völlige Subjektivität, Individualisierung, Freiheit und Unabhängigkeit und eine weltoffene, ewig unfertige Dichtungsform. Ihre Vorliebe galt dem Traumhaften, Wunderbaren, Unbewussten und Übersinnlichen. Einen besonderen romantischen Einfluss in Deutschland nahm Christian Johann Heinrich Heine (1797-1856). Er verband die Lyrik mit dem Alltag.[206] Die Romantik wurde zur europäischen Geistesbewegung und erfasste, ausgehend von Deutschland, alle Länder Europas. Sie beeinflusste Philosophie, Dichtung, Künste, Religion, Wissenschaft, Politik und Gesellschaft.[207]

Die Romantik war eine Parallelentwicklung der späten Aufklärung. Neben rationalen Prinzipien sollten die Zulassung der Gefühle und die Rückkehr zur Natur zur wahren Erkenntnis des Menschen über sich selbst führen. Die persönlichen Empfindungen wurden erstmals zu einer akzeptierten gesellschaftlichen Größe. So sollte bspw. von Liebe nur gesprochen werden, wenn diese auch so empfunden wurde.[208] Im allgemeinen Sprachgebrauch findet sich bis heute der Begriff „Romantik“ mit dem Adjektiv „romantisch“ als eine Eigenschaft, Menschen mit Liebe und Sehnsucht zu erfüllen. Allgemein bekannt und verwendet werden Wortverbindungen wie „romantische Liebe“, „romantische Musik“ oder „ein romantischer Brief“ als ein Ausdruck des sinnlichen Seins der Seele.

Den Empfindungen des Menschen wurde ein neuer Wert beigemessen. Die Gefühle des Menschen wurden zum neuen Maßstab des Lebens, die das Denken und Handeln zu bestimmen begannen. Echte Liebe musste und durfte leidenschaftlich und spürbar sein. Der Mensch musste und sollte seine Bedürfnisse nicht mehr unterdrücken. Um sich selbst zu finden, sollte er sein innerstes Empfinden frei ausleben können. Gefühle wurden zu einem Ausdruck von Wahrheit, dem wahren Ich. Im Befreien dieses Ichs wurde echte Freiheit gesehen.

Im Gegensatz dazu warnt die Bibel davor sich von Gefühlen leiten zu lassen (vgl. Pred 5,1, Röm 5,7).

Besonders im Blick auf die Gleichsetzung der Begriffe Liebe und Sexualität, sowie die Veränderung der Vorstellungen und Rechte über die Ehe und familiäre Strukturen wurde eine neue subjektive Individualität gesellschaftlich sichtbar.

[206] Dietmar Goldschnigg, Hartmut Steinecke (Hrsg.), *Heine und die Nachwelt: Geschichte seiner Wirkung in den deutschsprachigen Ländern, Band 2 1907-1956,* Berlin: Erich Schmidt Verlag GmbH & Co., 2008, 136.246.

[207] Knaur Lexikon, *17. Band, Sp-Ti,* siehe unter: „Sturm und Drang“, 5801-5802.

[208] Heinz Abels, *Identität,* 150.

In der Kirchengeschichte ist das Thema Sexualität und die damit verbundenen Gefühle wie Liebe und Erotik ein viel diskutiertes Thema. Maßgebend für die Diskussion sind vor allem der Sündenfall, durch welchen Adam und Eva ihre Nacktheit erkennen mussten und die Scham als Gefühl erstmals spürbar wurde (vgl. 1Mose 3,6-11), und die jungfräuliche Empfängnis Marias im Neuen Testament. Das Keuschheitsgelübde der Mönche und Nonnen und das Zölibat der katholischen Priester bringen die besondere Bedeutung der Sexualität in der christlichen Sündenlehre zum Ausdruck. Die sexuelle Begierde des Menschen konnte dadurch nicht gestoppt werden, sie wurde lediglich unterdrückt.[209]

Unbestritten lässt sich festhalten, dass erotische Fantasien seit jeher den menschlichen Geist beschäftigt haben (vgl. auch 3Mose 20,10; Mt 5,28). Sie haben sich gegen die Sitten und öffentliche Moral jedweder Zeit behauptet und sich wider jedes Tugendideal durchgesetzt. Die literarischen Bewegungen des 17. und 18. Jh.s öffneten neue gesellschaftliche Türen für das Ausleben von Gefühlen. Damit verbunden waren Ehebruch, das Ausleben homosexueller Neigungen etc. Unzählige erotische Gedichte, Bücher, Bilder, Fotografien und Filme aus allen Epochen der Kulturvölker geben Zeugnis davon.[210]

Wolfgang Amadeus Mozart schrieb im 18. Jh. die Oper „Don Giovanni". Don Giovanni schloss einen Pakt mit dem Satan, damit er seinem erotischen Traum nachgehen konnte. Gerne nahm er dafür die ewige Verdammnis in Kauf. Mozart machte damit allegorisch auf das neue Bekenntnis des Menschen zu sich selbst und zu seinen Gefühlen aufmerksam. Damit verbunden war die gleichzeitige bewusste Abkehr von den kirchlichen Dogmen und letztlich von Gott.[211]

Denn die Ehe wurde nach der Lehre der katholischen Kirche als kleinstes Abbild des göttlichen Seins gesehen. Sie stand für Einheit, Unauflöslichkeit und Fruchtbarkeit.[212] Gott schuf Adam und Eva bewusst als Mann und Frau: „Und der Mensch erkannte seine Frau Eva, und sie wurde schwanger (...)" (1Mose 4,1). Der hebräische Ausdruck „jada" für „erkannte" bezeichnet zunächst die Wahrnehmung von Gegenständen und Sachverhalten, ein Gewahrwerden oder auch ein Bemerken.[213] Der be-

---

[209] Armin Sierszyn, *2000 Jahre Kirchengeschichte. Band 3,* 113-115.
[210] Gerhard Schulz, *Die Sünde. Das schöne Leben und seine Feinde,* 36.
[211] Gerhard Schulz, *Die Sünde. Das schöne Leben und seine Feinde,* 36.
[212] Annette Remberg, *Wandel des Hochzeitsbrauchtums im 20. Jahrhundert, dargestellt am Beispiel einer Mittelstadt: Eine volkskundlich-soziologische Untersuchung,* Münster: Waxmann, 1995, 11.
[213] Elberfelder Studienbibel, Sprachschlüssel AT Nr. 3128 „jada", 1603.

wusste Einsatz der Sinne führt dann zu einem Begreifen und Verstehen, einem „erkennen mit dem Herzen“[214].

Dies lässt den Schluss zu, dass die Eheschließung, die Entscheidung für die Gemeinsamkeit, tatsächlich zunächst eine Entscheidung des Geistes war, gefolgt von Gefühlen, gefolgt von der Sexualität als Ausdruck von intimer Gemeinschaft und Einheit. Die Ehe ist damit keine bewusste Norm, die es zu erfüllen gilt, sondern ein Ausdruck von inniger Beziehung und Gemeinschaft durch eine Entscheidung und ein Einlassen auf ein Gegenüber. Im vorliegenden Fall hat sich der Mann für die Frau als erschaffenes Gegenüber entschieden (vgl. auch 1Mose 2,18). Die Sexualität ist ein Teil der Ehe und zählt zu den ehelichen Pflichten (vgl. 1Kor 7,2-4).

Die Unfreiheit des Einzelnen wurde in der nur zwischen einem Mann und einer Frau möglichen Ehe, sowie in der verbotenen Freude an der Sexualität gesehen. So unterlag man im Mittelalter dem Aberglauben, dass durch die sexuelle Vereinigung zwischen einer Nonne und einem Mönch der Antichrist geboren würde.[215] Wurde im Mittelalter die Lust an der Sexualität als Sünde verdammt, so wurde sie im Laufe der Moderne unter dem Schutz der Ehe als christlicher Wert akzeptiert.[216]

Hierin sehe ich eine erste Umkehrung der Eheidee als eine auf gegenseitige Anerkennung ausgerichtete Gemeinschaftsidee der Schöpfung in eine die persönlichen Gefühle und Bedürfnisse rechtfertigende Individualisierung.

Die Ehe wurde zu einem normativen Rahmen, der die Stillung der persönlichen Bedürfnisse rechtfertigte. In dieser Ich-Zentrierung wird deutlich, wie der Mensch anfing sich um sich selbst zu drehen. Die Entfesselung der individuellen Gefühle innerhalb der Romantik verstärkte diese Entwicklung. Die Liebe wurde zur Leidenschaft. Starke Gefühle sind sicherlich nicht verwerflich, aber die Liebe im biblischen Sinne hat keine Ich-Bezogenheit. Sie ist auf ein Gegenüber ausgerichtet, um diesem zu dienen:

> „Die Liebe ist langmütig, die Liebe ist gütig, sie neidet nicht, die Liebe tut nichtgroß, sie bläht sich nicht auf, sie benimmt sich nicht unanständig, sie sucht nicht das Ihre, sie lässt sich nicht erbittern, sie rechnet Böses nicht zu, sie freut sich nicht über die Ungerechtigkeit; sondern sie freut sich mit der Wahrheit, sie erträgt alles, sie glaubt alles, sie hofft alles, sie erduldet alles. Die Liebe vergeht niemals; (...)“ (1Kor 13, 4-8a).

---

214 Elberfelder Studienbibel, Sprachschlüssel AT Nr. 3128 „jada“, 1603.

215 Armin Sierszyn, *2000 Jahre Kirchengeschichte, Band 3,* 113.

216 Annette Remberg, *Wandel des Hochzeitsbrauchtums im 20. Jahrhundert, dargestellt am Beispiel einer Mittelstadt,* 57.

Biblisch gesehen ist die Liebe eine Entscheidung, die Gefühle von Freude mit sich bringt (vgl. Gal 5,22). In der Entwicklung der Moderne kehrte sich dieses Denken um. Von Liebe wurde nur gesprochen, wenn die Gefühle dafür vorhanden waren (vgl. Kol 3,5).

In der gesellschaftlichen Entwicklung wurde das kirchliche Eheversprechen einem zivilrechtlichen Eheschluss untergeordnet. Die rechtlichen Grundlagen wurden zunehmend liberaler und, ausgerichtet auf die persönliche Individualisierung des Menschen, zunehmend sozialer. Die traditionellen, klassischen Rollen von Mann und Frau wichen einem Anspruch auf Gleichberechtigung.[217]

Im Laufe des 20. Jh.s kam es zu einer weiteren Revolution. Gefordert wurde eine noch freiere Liebe. Die christliche Ehe wurde ebenfalls als zu einengend betrachtet, da die Sexualität an die Ehe gebunden, oder auch auf Sexualität vor der Ehe verzichtet wurde. Eine letztendliche Freiheit wurde in den 1960er Jahren erreicht. Die Erfindung der Anti-Baby-Pille und die Protestbewegungen der 68er, sowie die Emanzipation der Frauen trugen dazu bei, dass sich viele Ideen der „freien Liebe" in der Gesellschaft etablierten. Obwohl es immer noch zahlreiche Eheschließungen in Deutschland gibt, gilt es als normal, zuvor ohne Trauschein zusammen zu leben oder mit wechselnden Partnern sexuell zu verkehren.[218] Sexualität wurde in der Moderne, losgelöst von der Ehe, als „Triebabfuhr" oder ledigliche „Begegnung" etabliert, ohne weitere moralische Verpflichtung.[219]

Die neue Freiheit wurde darin gesehen, dass der Einzelne seine persönlichen Neigungen und Gefühle ohne schlechtes Gewissen ausleben konnte. Zur kulturellen gegenwärtigen Normalität gehören Swingerclubs, eine wachsende Pornoindustrie, Vermarktung von Potenzmitteln, Telefonsex, Internetsex, Rückzug der Eltern als Verhinderungsinstanzen, Absinken des Durchschnittsalters beim ersten sexuellen Kontakt, Seitensprungagenturen, Entstigmatisierung der Homosexualität bis hin zur Homoehe[220]. Der Mensch wurde in der Auslebung seiner Gefühle, im Engeren seiner Vorstellungen über das Empfinden von Liebe bzw. Sexualität, m. E. nicht befreit,

---

[217] Annette Remberg, *Wandel des Hochzeitsbrauchtums im 20. Jahrhundert, dargestellt am Beispiel einer Mittelstadt,* 13.

[218] Die Zahl der Lebensgemeinschaften ohne Trauschein ist in den letzten zehn Jahren um circa 34% gestiegen. 2007 lag die Zahl bei 2,4 Millionen Paaren. Nachzulesen bei: http://www.destatis.de/jetspeed/portal/cms/Sites/destatis/Internet/DE/Presse/pm/2008/08/PD08__307__122,templateId=renderPrint.psml, 28.12.2011.

[219] Gerhard Schulz, *Die beste aller Welten. Wohin bewegt sich die Gesellschaft im 21. Jahrhundert?,* Carl Hanser Verlag, München, 2003, 209.210.

[220] Unter dem Stichwort „Verlässlichkeit und Verantwortung stärken" hat sich die Evangelische Kirche in Deutschland für die gleichgeschlechtliche Ehe ausgesprochen. Entnommen aus: http://www.ekd.de/presse/774.html, 20.08.2011.

sondern entgrenzt. Tabus und Traditionen des Mittelalters wurden vollends durchbrochen und aufgelöst. In dieser Entgrenzung in völliger Ausrichtung auf sich selbst wurde er von seinen Bedürfnissen und Gefühlen abhängig und deshalb unfähig dauerhafte Beziehungen einzugehen.[221]

4.3 Politische Freiheit

Durch die philosophischen Auseinandersetzungen mit dem Freiheitsbegriff, durch die gesellschaftliche Sehnsucht nach Freiheit zu Beginn der Moderne und durch die Unterstützung von den Dichtern des 18. und 19. Jh.s, durchdrang das neue Menschenbild die Gesellschaft. Die Freiheit wurde als Naturrecht angesehen, von dem sich natürliche Menschenrechte ableiten ließen. Auf dieser Grundlage entwickelte sich der Liberalismus, eine Staats- und Gesellschafts- und Wirtschaftslehre, in der das Verhältnis zwischen dem vernünftigen Individuum und dem Staat neu bestimmt werden sollte.[222]

Das bisherige dreigliedrige Ständesystem des 18. Jh.s sah eine Machtverteilung vor, die dem Klerus und dem Adel, welche gemeinsam lediglich circa zwei Prozent der Gesamtbevölkerung ausmachten, die Macht zusprach. Die restlichen 98 Prozent waren Bauern und Bürger, die durch Abgaben an den Staat und die Kirche dieses System finanziell trugen.[223]

Mit der Moderne begann ein politischer Umwälzungsprozess, der bis ins 20. Jh. hinein andauerte und erst mit dem Grundgesetz der Bundesrepublik Deutschland 1949 ein erstes stabiles, neues Fundament gefunden hatte.

Mit dem Aufstand der Bauern und den konkreten Forderungen nach persönlicher Eigentumsfreiheit im 16. und 17. Jh. wurde die Politik, wie oben bereits dargestellt, pragmatischer und weltoffener. Die Bildung- und Meinungsfreiheit, gepaart mit den neuen prägenden Gedanken aus der Philosophie, Kunst und Literatur, führten den Menschen in eine neue Selbst*wahrnehmung*, Selbst*besinnung* und damit in ein neues Selbst*bewusstsein* und Selbst*verständnis* hinein. So waren es primär Studenten, wie Georg Büchner 1834, die Volksunruhen durch sozialrevolutionäre Schriften hervor-

---

[221] Die Anzahl der Scheidungen stieg in den letzten Jahren stetig an. Nachzulesen bei: http://www.derwesten.de/nachrichten/scheidungsrate-in-deutschland-so-hoch-wie-nie-zuvor-id5057258.html, 28.12.1011.

[222] Klaus Dieter Hein-Mooren, Heinrich Hirschfelder, Lorenz Maier, Eilhelm Nutzinger, Bernhard Pfändtner und Reiner Schell, *Von der Französischen Revolution bis zum Nationalsozialismus*, 1. Auflage 1994, Bamberg: C.C. Buchners Verlag, 1992, 93.

[223] Klaus Dieter Hein-Mooren u. a. , *Von der Französischen Revolution bis zum Nationalsozialismus*, 12.

riefen.[224] Das Volk, die breite Masse, sollte sich gegen die Ausbeutung der herrschenden Klassen auflehnen. Die persönliche Freiheit und Gleichheit war der Kerngedanke für eine neue Gesellschaft. Eine neue bürgerliche Bewegung formierte sich und forderte eine stärkere Beteiligung an den politischen Machtverhältnissen und mehr Selbstbestimmung und Eigenverantwortlichkeit in Bildung und Besitz.[225]

Die Französische Revolution (1789 bis 1799) gehörte zu den folgenreichsten Ereignissen der neuzeitlichen europäischen Geschichte. Sie kann als eine Art Höhepunkt im Kampf um die äußere Freiheit angesehen werden. Der feudalabsolutistische Ständestaat wurde abgeschafft, grundlegende humanistische Werte und Ideen der Aufklärung, insbesondere die Menschenrechte, wurden propagiert und umgesetzt. Diese Entwicklungen gaben den entscheidenden Anstoß für tief greifende macht- und gesellschaftspolitische Veränderungen in ganz Europa. Das moderne Demokratieverständnis wurde auf dieser Grundlage vorbereitet und geprägt.[226]

In der Französischen Revolution traten die menschlichen Sehnsüchte und individuellen Bedürfnisse besonders zu Tage: die Sicherung der persönlichen Freiheit und politischen Gleichheit durch ein säkularisiertes Vernunft- bzw. Naturrecht. Ihren Niederschlag fanden diese Gedanken durch die Einführung einer modernen Rechtsprechung, dem „Code Civil", und der weiteren Verbreitung liberaler Gedanken.[227] Auf den Fortschritt der Vernunft vertrauend wurde eine neue Staatsform angestrebt, die die individuelle Freiheit des Menschen verwirklichen sollte: Grund- und Menschenrechte, rechtsstaatliche Sicherheit durch Gewaltenteilung, freie Wahlen, freie Wirtschaft. Der Liberalismus war nicht mehr aufzuhalten. [228]

Es wurde eine Freiheit angestrebt, die eines „freien Mannes würdig"[229] war. Als liberal wurde das angesehen, was „die freie Entwicklung der Geisteskräfte begünstigt, die öffentliche Freiheit sichert, die Rechte des Bürgers gegen gesetzwidrige Willkür

---

[224] Die sozialrevolutionäre Flugschrift „Der Hessische Landbote" von Juli 1834, nachzulesen bei: Klaus Dieter Hein-Mooren u. a. , *Von der Französischen Revolution bis zum Nationalsozialismus,* 110.

[225] Klaus Dieter Hein-Mooren u. a. , *Von der Französischen Revolution bis zum Nationalsozialismus,* 113.115.

[226] Theodor Brandt, Basiswissen Kirchengeschichte, 384.385.

[227] Dtv-Atlas zur Weltgeschichte, *Von der Französischen Revolution bis zur Gegenwart, Band 2,* Originalausgabe, 25. Auflage, München: Deutscher Taschenbuch Verlag GmbH & Co.KG, 1991, 305.

[228] Dtv-Atlas zur Weltgeschichte, *Von der Französischen Revolution bis zur Gegenwart, Band 2,* 289.

[229] Klaus Dieter Hein-Mooren u. a. , *Von der Französischen Revolution bis zum Nationalsozialismus,* 93.

in Schutz nimmt (...)"[230]. Real wurde diese Freiheit durch den Erlass von Gesetzen, die die Pressefreiheit, Versammlungsfreiheit und Rechtsgleichheit regelten.[231]

Auf die in der direkten Nachbarschaft liegenden deutschen Einzelstaaten und ihre Regenten übten die französischen Ereignisse einen unaufhaltsamen Modernisierungsdruck aus: In Preußen wurden umfassende Reformen des Staatswesens in den Bereichen Agrarordnung, Militär, Recht und Bildung durchgeführt, in einigen süddeutschen Staaten wurden vergleichbare Neuerungen darüber hinaus durch den Erlass von modernen Repräsentativverfassungen ergänzt und untermauert. Eine wachsende liberale Bewegung kämpfte für das Recht der öffentlichen Meinungsäußerung und der politischen Mitbestimmung.[232]

Die angestrebte Freiheit war damit nicht nur ein emotionaler Zustand, sondern sie wurde rechtlich greifbar und damit gesellschaftlich legitimiert. Um jegliche gewaltsame Revolution, ähnlich der Französischen, zu vermeiden, wurden Reformversuche unternommen: Pressefreiheit, Versammlungsfreiheit und Rechtsgleichheit wurden, allerdings unter strengen Zensuren und Kontrollen der Regierungen, möglich. Jedoch verschärften zunehmende soziale Probleme in den 40er Jahren des 18. Jh.s und eine darauf folgend Agrar- und Gewerbekrise die politische Brisanz. Die sozialen Probleme führten trotz politischer Zensur und Verboten zu einer Bildung politisch, demokratisch und liberal ausgerichteten Gruppierungen.[233] Die autoritären Strukturen konnten dieser breiten bürgerlichen Bewegung nicht Stand halten. Zu stark wurde zudem, durch das Leid im ersten Weltkrieg, die Sehnsucht nach einer nationalen freien Selbstbestimmung. Dies führte zur Gründung der ersten deutschen Republik (1918-1933), die dem Volk eine bis dahin nie dagewesene Entscheidungsmacht verlieh.[234]

Nach dem zunehmenden Bedeutungsverlust traditioneller Identifikationsangebote wie Stand, Konfession oder Dynastie brauchte es ein neues Sinn stiftendes Bewusstsein. Trotz der Sehnsucht nach Freiheit, hatte in den alten Rahmenbedingungen auch eine gewisse Form von Identitätszugehörigkeit und Sicherheit gelegen. Eine neue

---

[230] Klaus Dieter Hein-Mooren u. a. , *Von der Französischen Revolution bis zum Nationalsozialismus*, 97.

[231] Dtv-Atlas zur Weltgeschichte, *Von der Französischen Revolution bis zur Gegenwart*, 318.

[232] http://www.historicum.net/themen/franzoesische-revolution/einfuehrung/wirkungsbereiche/art/VI_Auswirkunge/html/artikel/497/ca/0bf3d0c1814a542fb84bca6a3996ddb4/, 12.09.2011.

[233] Klaus Dieter Hein-Mooren, *Von der Französischen Revolution bis zum Nationalsozialismus*, 94.104.107.

[234] Andreas Wirsching, *Die Weimarer Republik, Politik und Gesellschaft*, München: Oldenbourg Wissenschaftsverlag, 2000, 3.4.

Identität und Sicherheit fanden ihren Halt in einem neu wachsenden Nationalbewusstsein und Nationalstolz. Als säkulare Glücksvorstellung verhieß dieser nationale Zusammenschluss sowohl eine auf Gleichheit aufgebaute Gemeinschaft, Orientierung und soziale Besserstellung als auch soziale Gerechtigkeit für alle. Bald wurden Feiertage und Riten eingeführt, die dieses Bewusstsein neu bekannten und untermauerten: Nationalhymnen, nationale Feiertage u. v. m.[235]

In diesem Nationalgefühl wurde die individuelle Freiheit, die allein den Menschen ins Zentrum stellte, sichtbar. Der Einzelne hatte sich endgültig von allen fremdbestimmten autoritären Zwängen befreit. Es galt das Motto: „Recht ist, was dem Volke nützt!“[236]

Gottestreue Menschen erhoben warnend ihre Stimme gegen die Strömungen des beginnenden 20. Jh.s. Professor August Tholuck mahnte bereits 1848 in Halle: „Deutsches Volk, du hast in den letzten Jahren deine hohen Ideen zu deinen Göttern gemacht und bist vom lebendigen Gott abgefallen. Götze ist alles, worauf ein Volk neben und außer dem lebendigen Gott seine Hoffnung setzt.“[237]

Das neue nationale Bewusstsein gipfelte schließlich im Nationalsozialismus unter der Führung Adolf Hitlers. Nach den schrecklichen Erfahrungen des zweiten Weltkrieges und der dort herrschenden tyrannischen Macht des Hitlerregimes, kam es zur Neugründung der Bundesrepublik Deutschland mit einem die Freiheitsrechte umfassenden Grundgesetz. Verschiedene Grundrechte, begrenzt durch die gesellschaftliche Ordnung, sollten jedem Einzelnen zugestanden und unumstößlich festgehalten werden. Das deutsche Staatsrecht verankert die freiheitlichen Grundrechte des in Deutschland lebenden und dem Staat zugehörigen Menschen im Grundgesetz. Darin sind die wesentlichen staatlichen System- und Werteentscheidungen festgelegt. Es steht im Rang über allen anderen deutschen Rechtsnormen.[238]

Der entscheidende Kern ist die Freiheit und Gleichheit der Menschen vor dem Gesetz. Jeder Mensch ist in seinem Denken und Handeln individuell und subjektiv. Er braucht Raum für seine persönliche Entscheidungsfreiheit. Im Rahmen der gemeinschaftlichen Ordnung sollten bspw. Eigentumsfreiheit, Berufsfreiheit, Religions- und

---

[235] Klaus Dieter Hein-Mooren, *Von der Französischen Revolution bis zum Nationalsozialismus,* 411.412.

[236] Zitat von Hans Frank, Reichsminister 1934, abgedruckt bei: Klaus Dieter Hein-Mooren, *Von der Französischen Revolution bis zum Nationalsozialismus,* 412.

[237] Zitat von August Tholuck, abgedruckt bei Theodor Brandt, *Basiswissen Kirchengeschichte,* 438.

[238] http://www.bundestag.de/dokumente/rechtsgrundlagen/grundgesetz/index.html, 20.06.2011; Das Grundgesetz wurde vom Parlamentarischen Rat, dessen Mitglieder von den Landesparlamenten gewählt worden waren, am 8. Mai 1949 beschlossen und von den Alliierten genehmigt.

Gewissensfreiheit und Bildungsfreiheit unantastbar sein, um dadurch die subjektive Individualität zu sichern.[239] Dem Einzelnen wurde die Freiheit nicht nur zugebilligt, es wurde ihm rechtlich zugesichert und war zumindest theoretisch einklagbar.

Zum ersten Mal in der deutschen Geschichte schien die Freiheit nicht nur errungen, sondern auch für verschiedene persönliche Lebensfacetten unumstößlich festgesetzt. Jedoch hat das Scheitern der ersten Republik offenbart, dass der Mensch bzw. das Volk trotz wachsender Bildung, humanistischer Aufklärung und Wohlstand nicht unbeirrbar und musterhaft war. Die Weimarer Verfassung zeigte in ihren wesentlichen Einrichtungen, dem Volksbegehren, dem Volksentscheid, der Volkswahl des Reichspräsidenten oder auch in der leichten Auflösbarkeit des Reichstags, ein fast unbegrenztes Vertrauen in die demokratische Vernunft und staatsbürgerliche Verantwortung des Wählers. Das breite Bürgertum entpuppte sich jedoch als verführbar und schwankend.[240]

Das Scheitern der Weimarer Republik zeigte, dass der Mensch nicht in der Lage war, mit dieser grenzenlosen Freiheit umzugehen. Eine grenzenlose Freiheit durch eine grenzenlose Demokratie stand in der Gefahr, sich selbst zu Grunde zu richten. Hatte sich die Weimarer Verfassung dem Wählerwillen absolut untergeordnet, so wurde das Grundgesetz der Bundesrepublik Deutschland durch ein Gewaltenteilungssystem gesichert.[241] Der Freiheit des Menschen wurden zu seiner eigenen Sicherheit Grenzen gesetzt.

4.4 Wirtschaftliche Freiheit

Ausgehend von den das Welt- und Menschenbild verändernden Erkenntnissen erfuhr die Wissenschaft ein ungeahntes, wachsendes Ansehen. Im 18. und 19. Jh. begann eine neue technische Ausrichtung. Getragen wurde diese Entwicklung vom Rationalismus, der Berechenbarkeit aller Dinge, vom Positivismus, der erfolgreichen Erforschung von Tatsachen und dem Pragmatismus, dem Streben praktische Anwendungen auszutesten.

Zunehmend veränderte gesellschaftliche Machtverhältnisse ermöglichten dem gemeinen Volk ein staatrechtliches Mitwirken. Der neue Liberalismus forderte auch eine gleichmäßige und freie Entfaltung der Wirtschaft. Die beginnende Industrialisie-

---

[239] http://www.bundestag.de/dokumente/rechtsgrundlagen/grundgesetz/gg_01.html, 20.06.2011.

[240] Klaus Dieter Hein-Mooren u. a., *Von der Französischen Revolution bis zum Nationalsozialismus*, 308.309.

[241] http://www.bundestag.de/dokumente/rechtsgrundlagen/grundgesetz/gg_01.html, 20.06.2011.

rung zu Beginn des 18. Jh.s und die daraus resultierende Massenproduktion förderten das materialistische Denken, Fortschrittsgläubigkeit und ein Nützlichkeitsdenken.[242] Die bisher im Handwerk oder in den Manufakturen angewandten Methoden wurden weiterentwickelt und effizienter. Zu Beginn des 19. Jh.s startete eine gewerbliche, auf Kapital ausgerichtete Massenproduktion, die den Weltmarkt und die Stellung des Individuums veränderte.[243]

Geistiger Hintergrund war die von dem britischen Philosophen und Volkswirtschaftler Adam Smith (1723-1790) aufgestellte Theorie über eine liberale Wirtschaft. Nach Smith war die Arbeit jedes Individuums eine Quelle des Volkswohlstandes. Aus einem natürlichen Eigeninteresse zur Verbesserung seiner Lage produziere der arbeitende Mensch Waren für den Markt. Der Wert der Waren werde durch Angebot und Nachfrage bestimmt. Das Gewinnstreben des Einzelnen fördere aber letztlich das Gemeinwohl. Diese Logik schloss er aus dem Prinzip von Angebot und Nachfrage. Danach würden nur solche Güter bestehen bleiben, die auch einen Bedarf und somit eine Absatzchance hätten.[244]

Smith war der Ansicht, dass das allgemeine, gesellschaftliche Glück maximiert würde, indem jedes Individuum im Rahmen seiner ethischen Gefühle versuche sein persönliches Glück zu erhöhen. Durch eine unsichtbare Komponente, einer „unsichtbaren Hand"[245], erhöhe sich gleichzeitig und völlig automatisch auch der allgemeine, gesellschaftliche Lebensstandard. Diese unsichtbare Komponente würde schließlich „Tugend und Leidenschaft, Moral und Eigeninteresse, Pflicht und Neigung zum Einklang"[246] bringen. Smith ging in der Entwicklung seiner Theorien davon aus, dass der Mensch und die Natur auf eine Grundmoralität und Grundglückseligkeit ausgerichtet seien.[247]

In erster Linie würde, so Smith, kein einzelner Marktteilnehmer direkt nach der Erhöhung eines Volkseinkommens streben, da er primär seinen eigenen Güterbedarf decken wolle. Aber durch die unsichtbaren Kräfte des Marktes setze ein natürlicher Marktmechanismus ein, der das Volkseinkommen optimiere. Dieses Optimum könne

---

[242] Klaus Dieter Hein-Mooren u. a., *Von der Französischen Revolution bis zum Nationalsozialismus*, 93.155.

[243] Dtv-Atlas zur Weltgeschichte, *Von der Französischen Revolution bis zur Gegenwart*, 289.

[244] Manfred Trapp, *Politische Philosophie und politische Ökonomie: Abhandlungen zu den Wirtschaftlichen Staatswissenschaften, Band 28*, herausgegeben von Horst Claus Recktenwald, Göttingen: Vandenhoeck & Ruprecht Verlag, 1987, 284.285.

[245] Manfred Trapp, *Politische Philosophie und politische Ökonomie*, 118.

[246] Manfred Trapp, *Politische Philosophie und politische Ökonomie*, 118.

[247] Manfred Trapp, *Politische Philosophie und politische Ökonomie*, 124.

dann erreicht werden, wenn eine natürliche Freiheit durch zahlreiche Marktteilnehmer gewährleistet sei.[248] Smith glaubte an die Immanenz des Guten in der Welt. Dies führte ihn zu dem Schluss, dass ein Volk umso freier und damit glücklicher wäre, wenn der Wohlstand stiege. Der Egoismus des Einzelnen würde durch eine übernatürliche, im Markt zu findende Macht letztlich zum Wohlstand für alle führen. Hinter der metaphysischen Glaubenskraft verbarg sich zwar die Annahme eines göttlichen Etwas, aber nur als Ursprung, ähnlich wie beim Deismus. Es wurde als Aufgabe des Menschen gesehen, die göttliche Kraft zu entfalten. Eine Bestätigung wurde in mathematisch nachvollziehbaren Berechnungen angenommen. Die Mathematik, die bereits auf Platon und Sokrates zurückgeführt wird, bildete im 19. Jh. durch ihre Logik und Beweisbarkeit die entscheidende Grundlage für wirkliche Wahrheiten.[249] Auf dieser Basis entwickelten sich Wirtschaftskreisläufe und weitere volkswirtschaftliche Strukturen. Ein Wirtschaftskreislauf besteht aus zahlreichen Tauschaktionen, die die einzelnen Bedürfnisse durch Angebot und Nachfrage decken.[250] Unabhängig von zahlreichen Einzelaktionen und Zahlungsströmen wurde ein solcher Kreislauf als stabiles und berechenbares System angenommen. Neben der Freiheit des Marktes erhielt die Freiheit des Individuums auch im Rahmen des Führungs- und Autoritätsdenkens eine zunehmende Bedeutung.

Der Taylorismus im 19. Jh. ging von einem „economic man" aus.[251]

Der Mensch war rechtlich gesehen in der Wahl seines Berufes frei. Er wusste um den Wert seiner Arbeit, was sich in steigenden Löhnen zeigte. Eine neue finanzielle Unabhängigkeit war möglich. Innerhalb des Arbeitsvorganges wurden ihm Arbeitsabläufe und Arbeitszeiten jedoch exakt vorgegeben. Damit verbunden war ein autoritärer Führungsstil. Die Behandlung des Menschen als willenlose Ergänzung der Maschinen rief einen beträchtlichen Widerstand hervor.[252]

Mit Hilfe wissenschaftlicher Forschungen, dem Hawthorn-Experiment (1924), wurde beobachtet, dass die Leistung eines Menschen sehr stark von seinen sozialen und nicht nur von seinen objektiven Arbeitsbedingungen abhing. Deshalb wurde der Be-

---

[248] Peter Bendixen, *Die unsichtbare Hand, die Freiheit und der Markt. Das weite Feld ökonomischen Denkens,* Wien: Lit Verlag GmbH & Co.KG, 2009, 25.26.

[249] Alexander Rüstow, *Die Religion der Marktwirtschaft,* 3. Auflage 2009, Berlin: Lit Verlag Dr. W. Hopf, 2009, 22.

[250] Eine detaillierte Darstellung der unterschiedlichen Wirtschaftskreisläufe würde an dieser Stelle zu weit führen. Weitere Darstellungen finden sich bei: Herbert Sperber, Joachim Sprink, *Internationale Wirtschaft und Finanzen,* München: Oldenbourg Wissenschaftsverlag GmbH, 2007, 31-37.

[251] Thomas Matys, *Macht, Kontrolle und Entscheidungen von Organisationen, Eine Einführung in organisationale Mikro-, Meso- und Markopolitik,* 1. Auflage, Hagener Studientexte zur Soziologie, Wiesbaden: VS Verlag für Sozialwissenschaften, *2006,* 19.20.

[252] Knaurs Lexikon, *17. Band Sp-Ti,* siehe unter „Taylorismus", 5907.

griff „social man“ etabliert. Aus dem autoritären Führungsstil wurde ein kooperativer bis liberaler Stil. Diese Entwicklung gipfelte 1950 in der „Human-Relation-Bewegung“. Es wurde deutlich, dass der finanzielle Aspekt nicht der die Arbeitszufriedenheit und Motivation bringende Hauptaspekt war. Das menschliche und soziale Miteinander wurden zur motivierenden Grundlage.[253]

An dieser Stelle kann bereits angemerkt werden, dass der Mensch trotz zunehmender Freiheit und Selbstbestimmung keine wirkliche Zufriedenheit erfahren hat. Immer wieder werden weitere Schritte in eine vermeintlich größere Freiheit, die in einer zunehmenden Selbstbestimmung und Wohlfühlmentalität gesehen wurde, angestrebt. Dies zeigen auch die weiteren Entwicklungen:

Stand bis zu Beginn des 20. Jh.s ausschließlich Produktion und das Produkt im Vordergrund, so rückte Schritt um Schritt das *Wohlbefinden* des arbeitenden Menschen in den Mittelpunkt. Das Betriebsklima wurde von entscheidender Bedeutung für den Erfolg des Unternehmens.[254]

Betriebsräte und Gewerkschaften, als Vertreter der Arbeitnehmer, Arbeitsplatzschutzbestimmungen und diverse gesetzliche Regelungen[255] wurden zur Wahrung der Freiheit und zum Schutz des Arbeitnehmers vor Willkür und Ausbeutung eingesetzt. Die persönliche Arbeit und der sich in der Bezahlung widerspiegelnde persönliche Wert, sowie der freie Entfaltungsspielraum wurden, nach der nationalen Krise des zweiten Weltkrieges, zu einem neuen Sinn stiftenden und Identität gebenden Element. Dies wurde insbesondere im Wirtschaftswunder der 50er Jahre sichtbar. Ein außergewöhnliches Wachstum in den Nachkriegsjahren führte zu allgemeinem Wohlstand in Deutschland und dem Gefühl durch die Arbeit einen gewissen Wert zu schaffen und damit wertvoll zu sein. Die Erwerbstätigkeit erhielt einen enormen Neuwert in der modernen Gesellschaft des 20. Jh.s. Hierbei war nicht der „Broterwerb“ von entscheidender Wertbedeutung, sondern „Sinn, Selbstverwirklichung und Unabhängigkeit“[256]. Die Erwerbsarbeit wurde als Möglichkeit gesehen, die Welt zu

[253] Thomas Matys, *Macht, Kontrolle und Entscheidungen von Organisationen,* 22.

[254] Knaurs Lexikon, *17. Band Ha-In,* siehe unter „Human Relation“, 2730.

[255] Die wirtschaftliche Entwicklung offenbart immer wieder neue Formen der Maßlosigkeit und Ausbeutung. Beispielhaft hierfür sind bspw. auf den Aktienmärkten die Hedge-Fonds, die u. a. für gegenwärtige wirtschaftliche Krisen mitverantwortlich gemacht werden, nachzulesen bei: http://www.focus.de/finanzen/boerse/kurz-erklaert-was-ist-ein-hedge-fonds_aid_509425.html, 18.05.2010.

[256] Sonja Sailer-Pfister, *Theologie der Arbeit vor neuen Herausforderungen: Sozialethische Untersuchungen im Anschluß an Marie-Dominique Chenu und Dorothee Sölle, Ehtik im theologischen Diskurs, Band 12,* Berlin: Lit Verlag, 2006, 22.

erobern. Sie ist für den modernen Menschen zur „Achse der Lebensführung“[257] geworden. Der Mensch drehte sich folglich um sich selbst: seine Bedürfnisse, sein Wohlbefinden und sein Können.

Die Theorie von Smith schien sich durch einen allgemein anwachsenden Wohlstand zu bewahrheiten. Am Ende des 20. Jh.s dominierten Marktliberalisierung, Rationalisierung und Privatisierung den Arbeitsmarkt. Erste Studien in dieser Zeit machten jedoch auf eine auffällige Zunahme psychomentaler Belastungen auf allen Arbeitsebenen aufmerksam. Verspannungen, Schlaflosigkeit und Konzentrationsstörungen führten zu diversen Krankheiten wie Morbus Crohn, Tinnitus oder Burn-Out.[258] Das „individuelle Bewältigungsmuster“ kam an seine Grenzen. Denn die Angst und der Druck, die Arbeit zu verlieren nahmen zu. Entlassungen und Einsparungen führten dazu, dass immer weniger Menschen mehr arbeiten müssen.[259] Ein wahrer Teufelskreis hat begonnen.

Die Angst um den Verlust der Arbeit als Sinn gebenden Wert und die Angst vor dem drohenden Verlust des Wohlstandes machen deutlich, wie sehr der Mensch in Abhängigkeit zu sich selbst, Konsum und Geld geraten ist.[260] Der Mensch ist abhängig und damit zum Diener des Geldes geworden.

Wachsender Wohlstand und private Selbstbestimmung wurden zunächst als errungene Freiheit empfunden. Diese entpuppen sich jedoch zunehmend als Götze, der jeglichen Tribut fordert, um erhalten zu werden (vgl. Jesu Aussagen über den materiellen Reichtum, Mt. 6,19-33).

4.5 Grenzen der Freiheit

Ein tiefer Glaube an das Gute im Menschen hat die Humanisten davon ausgehen lassen, dass die Freiheit des vernünftigen Individuums eine positive gesamtgesellschaftliche Entwicklung mit sich bringen würde. Die Freiheit des Einzelnen sollte nicht nur eine subjektive Freiheit sein, sondern sich auch an äußerlichen Freiheitsrechten für Leib, Eigentum, Meinungsäußerungen etc. manifestieren. Die Ausführungen über die individuelle, politische und wirtschaftliche Freiheitsentwicklung haben aber gezeigt, dass der Mensch in seiner Freiheitsbestrebung eher zur Entgrenzung und Maßlosig-

[257] Hilmer Hoffmann, Dietmar Krämer (Hrsg.), *Arbeit ohne Sinn? Sinn ohne Arbeit? Über die Zukunft der Arbeitsgesellschaft,* Weinheim: Beltz Athenäum, 1994, 102.

[258] Sonja Sailer-Pfister, *Theologie der Arbeit vor neuen Herausforderungen,* 21.

[259] Sonja Sailer-Pfister, *Theologie der Arbeit vor neuen Herausforderungen,* 21.

[260] Ulrike Ackermann (Hrsg.), *Freiheit in der Krise, Der Welt der wirtschaftlichen, politischen und individuellen Freiheit,* 1. Auflage, Frankfurt am Main: Humanities, 2009, 26.27.

keit neigt. Jeder Mensch hat ein subjektives individuelles Empfinden von Freiheit, das er mit persönlichen Moralvorstellungen verbindet. Sein Handeln findet jedoch stets unter der „Bedingung von Gesellschaft"[261] statt. Die Freiheit des Einzelnen erfährt dort eine Grenze, wo die Freiheit des Mitmenschen ansetzt. Dies ist ein wichtiger Grundsatz der Toleranz.[262]

Spätestens an dieser Stelle schließt sich der Kreis zu der eingangs geführten Diskussion zur Absolutheit der individuellen Vernunft und der darin begründeten persönlichen Freiheit. Die Freiheit braucht einen ordnenden Rahmen, der die Verantwortung des Einzelnen gegenüber der Gesellschaft und umgekehrt regelt und somit Gerechtigkeit schafft. Maßlosigkeit schadet dem Einzelnen und der Gesellschaft. Besonders deutlich wird die Notwendigkeit eines guten Rahmens in den Regelungen für das Staatssystem und die Wirtschaftsordnung. Die freie Marktwirtschaft erfährt durch den Aspekt der Sozialität eine Eingrenzung zur sozialen Marktwirtschaft in Deutschland.[263]

Das demokratische Mitbestimmungsrecht wird, wie dargestellt, an ein bestimmtes Mehrheits- und Gewaltenteilungssystem gekoppelt. Die Staatsordnung gibt für verschiedene Lebensbereiche staatstragende ethische Grundlagen vor, ohne die das Handeln der Menschen in seiner Wertung und Rechtfertigung verhandelbar wäre. Es braucht moralisch festgesetzte Grundwerte, innerhalb derer der Einzelne frei entscheiden kann. Fraglich bleibt jedoch, welche Werte und Wertvorstellungen tatsächlich gut und richtig sind und damit maßgebend sein sollen und können.

Ernst Troeltsch nahm zu den Entwicklungen der Freiheitsbewegungen zu Beginn des 20. Jh.s wie folgt Stellung:

> „Es ist die Frage, ob jene Konstellation der Umstände und damit der von ihnen gegebene fruchtbare Boden des Freiheitsgedankens sich dauernd halten werden. Das ist schwerlich der Fall. Unsere wirtschaftliche Entwicklung steuert eher einer neuen Hörigkeit zu, und unserer großen Militärs- und Verwaltungsstaaten sind trotz aller Parlamente dem Geist der Freiheit nicht günstig. Ob unserer dem Spezialistentum verfallene Wissenschaft, unserer von einer fieberhaften Durchprobung aller Standpunkte erschöpfte Philosophie uns unserer die Überheblichkeit züchtende Kunst dem günstiger sind, darf man billig bezweifeln."[264]

---

[261] Heinz Abels, *Identität,* 166.

[262] Kurt Schilde, Sabine Hering (Hrsg.), *Toleranz: Weisheit, Liebe oder Kompromiss? Multikulturelle Diskurse und Orte,* Opladen: Verlag Leske und Budrich, 2004, 190.191.

[263] Peter Bendixen, *Die unsichtbare Hand, die Freiheit und der Markt,* 50.57.

[264] Ernst Troeltsch, *Die Bedeutung des Protestantismus für die moderne Welt.* München/Berlin: de Gruyter Verlag, 2001, 102f.

Troeltsch stellte die menschlich konstruierte freiheitliche Selbstbestimmung als Grundlage für eine gute Entwicklung in Frage. Denn der Mensch unterliegt stets der Gefahr, abhängig zu werden. Eine Abhängigkeit von persönlichen Gefühlen und äußeren Umständen, die, wie das Beispiel der Erwerbstätigkeit zeigte, zu einer modernen Form von Götzendienst führen kann.

Die Auswirkungen dieser menschlich immanenten Unfreiheit zeigen sich insbesondere in der Entwicklung der deutschen *Recht*sprechung.

Gesetzliche Regelungen werden unter Berücksichtigung der persönlichen Lebensumstände und der Freiheit des Einzelnen immer wieder in Frage gestellt. Beispiele hierfür bieten die Legalisierung von Schwangerschaftsabbrüchen[265], sowie die aktuellen Diskussionen zu den Themen „Sterbehilfe“[266] und „Embryonenforschung“[267]. In diesen Diskussionen stellt sich stets die Frage nach den Grenzen der persönlichen Selbstbestimmung. Todkranke Patienten sind bspw. häufig nicht mehr zur Beendigung ihres eigenen Lebens fähig. Sie sind hierbei auf die Hilfe von außen, bspw. eines Arztes, angewiesen. Die Befürworter fordern eine Freiheit für den Arzt, tot bringende Medikamente straffrei zu verschreiben, da die Entscheidung des Todes der Patient selbst träfe.[268]

An dieser Stelle wird deutlich, dass eine solche Entscheidung, die ein Gut und Richtig festlegen soll, nicht so einfach zu treffen ist. Denn die Entscheidung des Einzelnen, selbst die Entscheidung des Arztes für die Verschreibung bestimmter Medikamente, ist stets mit einer persönlichen Verantwortung verbunden, die nur der Einzelne tragen kann.

Für mich zeigt sich in dieser Diskussion, dass der Mensch eine Klarheit über *seine* Schuld braucht bzw. eine Klarheit über seine Rechte. Er ist nicht wirklich unabhängig und frei, was durch die Frage nach der persönlichen Schuld offenbar wird. In allen kulturellen Bereichen galt die Freiheit als errungen, sobald sie ihre gesellschaftliche Legitimation gefunden hatte. Daraus ziehe ich den Schluss, dass der Mensch eine juristische Freisetzung, eine Rechtfertigung von außen für sein Handeln braucht, um sich wirklich frei zu fühlen und sich seiner Freiheit sicher zu sein.

---

[265] Adolf Schönke, Horst Schröder; Albin Eser (Hrsg.): *Strafgesetzbuch. Kommentar,* 27. Auflage, München: Verlag C. H. Beck, 2006, § 218a Rn. 12.

[266] http://www.focus.de/gesundheit/arzt-klinik/reha-pflege/tid-18799/sterbehilfe-ein-letzter-weg-in-wuerde_aid_523231.html, 11.09.2011.

[267] http://www.wiwo.de/technik-wissen/bundesregierung-lehnt-experimente-mit-misch-embryonen-ab-293467/, 11.09.2011.

[268] Frankfurter Allgemeine Sonntagszeitung: Artikel „Soll es überhaupt noch ein ärztliches Ethos geben?“, Ausgabe: Donnerstag, 31. März 2ß11, Nr. 76, 29.

Die Auflösung traditioneller Sitten und Werte machte den Menschen schrankenlos.[269] Die Folge war eine „Zügellosigkeit der Interessen“[270]. Dies bestätigt auch die Gründung des nationalen Ethikrates im Jahr 2001, der die unterschiedlichen individuellen Interessen unabhängig diskutieren und bewerten soll.[271] Durch den zunehmenden Verlust christlicher Moralvorstellungen[272] zeigt sich die Festsetzung neuer moralischer Werte als äußerst schwierig.

Ich komme in dieser Diskussion zu dem Schluss, dass es eine Lösung in der Welt für die Welt, im Menschen für den Menschen nicht zu geben scheint. Der Mensch bleibt in sich relativ. Es braucht eine dem Menschen übergeordnete Instanz und Freiheit, die über die Wirklichkeit des begrenzten menschlichen Seins hinausgeht. Die Ausführungen Troeltschs zur Freiheitsbewegung gehen wie folgt weiter:

> „Es bleibt in den kommenden Zeiten des Druckes und des Rückganges der Freiheit vor allem dasjenige, was dem ganzen Bau von sich aus einen guten Teil seiner Kraft gegeben hat, die religiöse Metaphysik der Freiheit und der persönlichen Glaubensüberzeugung, die die Freiheit aufbaut auf das, was keine allzu menschliche Menschlichkeit verderben kann, auf den Glauben an Gott als die Kraft, von der uns Freiheit und Persönlichkeit zukommt. (...) Bewahren wir uns das religiös-metaphysische Prinzip der Freiheit, sonst möchte es um Freiheit und Persönlichkeit in dem Augenblick geschehen sein, wo wir uns ihrer und des Fortschritts zu ihr am lautesten rühmen.“[273]

Eine Klarheit über Freiheit und Unfreiheit sollen die biblischen Ausführungen zeigen.

4.6 Biblische Betrachtung der Freiheit

In der Bibel werden zwei verschiedene Arten von Freiheit unterschieden. Im Alten Testament steht primär die äußere Freiheit im Vordergrund. In der Geschichte des Volkes Israel wird nur selten der Idealzustand von äußerer Freiheit erlebt. Das israelitische Volk wurde häufig von fremden Herrschern unterworfen. In den Zeiten der Unterdrückung sehnte es sich nach dem Eingreifen Gottes und nach Befreiung. Besonders deutlich wird diese Sehnsucht in der Zeit der Babylonischen Gefangenschaft

---

[269] Hans Schmidt, *Verheißung und Schrecken der Freiheit*, 19.

[270] Anselm Grün, Reinhard Marx, Robert Zollitsch, Jordana Schmidt, Justinus C. Pech (Hrsg.), *Freiheit und Verantwortung: Wegweisungen in Zeiten der Wirtschaftskrise,* Leipzig: St. Benno-Verlag, GmbH, 2009, 27.
Ebenso: Ulrike Ackermann (Hrsg.), *Freiheit in der Krise,* 33.

[271] http://www.uni-protokolle.de/Lexikon/Nationaler_Ethikrat.html, 27.09.2011.

[272] An dieser Stellen können bspw. die Zehn Gebote als Grundlage christlicher Normen herangezogen werden, vgl. 2Mose 20,1-17.

[273] Ernst Troeltsch, *Die Bedeutung des Protestantismus für die moderne Welt*, 102f.

(vgl. Ps 14,7; 126,1; 137,1ff). Wurde dem Volk die Freiheit durch Gott genommen, so wurde dies als Strafe und Gericht angesehen (vgl. 5Mose 28,58-68; Ri 2.1.2). Hinweise finden sich auch für eine innere Freiheit im Verhältnis zu Gott. Ein besonderes Zeichen von Freiheit und Freilassung gab es am Tag der Versöhnung (3Mose 23,28). Dieser wurde jährlich am zehnten Tag des siebten Monats gefeiert und sollte an die Sünde und die Vergebung für das Leben Israels im Bund mit Gott erinnern.[274] Im 50sten Jahr gab es das „Versöhnungsjahr", auch „Jobeljahr" genannt (3Mose 25,10). In diesem Jahr sollte ein bestimmter Urzustand wiederhergestellt werden. Jeder sollte wieder zu seinem Eigentum kommen, jeder sollte frei zu seiner Sippe zurückkehren können. Das hebräische Wort, das zur Beschreibung dieses besonderen Tages bzw. Jahres Verwendung findet, lautet „kippar" (Althebräisch) oder „kippur" (Neuhebräisch) und bedeutet „versöhnen, zudecken".[275] Die aus einer Schuld erwachsene Verpflichtung wurde beseitigt und galt als getilgt. Freiheit war hier verbunden mit einem inneren und äußeren Neuanfang.

Im Neuen Testament wird dieser Freiheitsgedanke zunächst übernommen. Jesus Christus führte über die Freiheit folgendes aus:

> „Wenn ihr in meinem Wort bleibt, so seid ihr wahrhaft meine Jünger; und ihr werdet die Wahrheit erkennen, und die Wahrheit wird euch frei machen. Sie antworteten ihm: Wir (...) sind nie jemandes Sklaven gewesen. Wie sagst du: Ihr sollt frei werden? Jesus antwortete ihnen: (...) Jeder, der die Sünde tut, ist der Sünde Sklave. (...) Wenn nun der Sohn euch frei machen wird, so werdet ihr wirklich frei sein." (Joh 8,33-36).

Das jüdische Volk litt unter der Herrschaft der Römer. Der ersehnte Messias sollte eine politische Freiheit bringen, ähnlich der Befreiung durch Mose aus der ägyptischen Sklaverei. Jesus verurteilte diese Sehnsucht nicht, aber er lehnte eine Überbewertung der irdischen, politischen Freiheit ab und wies jegliche politische Interpretation seines Auftrages zurück (vgl. Mt 22,21). Er verwies auf die echte *überirdische* Freiheit im und durch das Reich Gottes, das letztlich nicht in dieser Welt seine vollkommene Entfaltung finden sollte (vgl. Joh 18,36; Offb 21,1).

Im Vordergrund steht hier eine Freiheit, die das geordnete, rechtliche Verhältnis zwischen Gott und den Menschen beinhaltet. Eine Loslösung und Erlösung von der Sünde, die zwischen Gott und dem einzelnen Menschen steht. Das heißt, eine Freiheit von dem, was den Menschen vom Übernatürlichen trennt. Verbunden wird diese

[274] Elberfelder Studienbibel, Sprachschlüssel AT Nr. 3802, „kippurim", 1633.
[275] Fritz Rienecker (Hrsg.), *Lexikon zur Bibel,* siehe unter: „Versöhnen, Versöhnung", 1462-1465.

Freiheit mit einem absoluten Autoritätsanspruch Gottes (vgl. Joh 14,15.21): Freiheit wird hier zu einer unterordnenden Abhängigkeit.
Die persönlichen Umstände der Menschen spielten im Neuen Testament lediglich eine untergeordnete bis gar keine Rolle (Kol 3,22). So akzeptierte Paulus im Neuen Testament die Sklaverei als soziale Komponente. Er forderte keine Aufhebung der Sklaverei als inhumane Maßnahme, sondern er legte den Sklaven nahe, bessere Sklaven zu sein (vgl. Kol 4,1).
Der biblische Freiheitsbegriff steht in einem völligen Gegensatz zu den oben erkämpften Freiräumen, die auf Selbstbestimmung und persönlicher Entfaltungsfreiheit bauen. Echte Freiheit tritt nur in der persönlichen Verleugnung und Aufgabe des individuellen Ichs zu Tage (vgl. Mt 16,24; Gal 2,20). In der Annahme des Erlösungswerk Jesu Christi akzeptiert der Mensch seine natürliche Unfreiheit. Durch diese Selbstverleugnung erhält der Mensch eine neue Freiheit, die jegliche Unfreiheit, selbst den Tod, überwindet (vgl. Joh 3,16; Röm 8,21).

5 Glaube – der christliche Glaube und seine Folgen

5.1 Allgemeiner Glaube und seine Bedeutung in der Bibel

Der Ausdruck „Glaube“ hat unterschiedliche Dimensionen, die es zu erörtern gilt. Die Menschen *glauben* sehr viel. Das deutsche Wort „Glauben“ kommt aus dem indogermanischen und bedeutet im Allgemeinen „begehren, lieb haben, gutheißen“[276]. Im religiösen Kontext wird darüber hinaus die Bedeutung „für Wahr halten“[277] verwendet. Glaube wird somit zur einer subjektiven und persönlichen Annahme einer Wahrheit. Die Menschen begehren und heißen unterschiedliche Dinge, Menschen oder Ereignisse für sich als *gut* und halten die unterschiedlichsten religiösen Ansichten für *wahrhaftig.*

Die Grundlage für den christlichen Glauben bildet das Wort Gottes. Im christlichen Sprachgebrauch wird die Sammlung der biblischen Bücher, das Alte und Neue Testament, als das Wort Gottes, die Heilige Schrift, verstanden.[278]

Die von Menschenhand verfasste Bibel wird von Gott inspiriert angesehen. Durch sie offenbart Gott den Menschen die Wahrheit über sich und seine Pläne. Gott selbst ist hierbei der wahrhaftige und zuverlässige Zeuge seines Wortes (vgl. Jer 42,5).[279] Im Neuen Testament wird Jesus zum wahrhaftigen Zeugen (vgl. Offb 3,14; Joh 14,6). Die Heilige Schrift wird zur offenbarenden Grundlage des christlichen Glaubens (vgl. Ps 119,105; Jer 15,16; 1Tim 3,15). Sie enthält konkrete Geschichten über menschliche Schicksale. Es handelt sich nicht um mythische Legenden von Götterhelden, sondern um historische Ereignisse, die Menschen real auf ihrem Weg mit Gott erlebt haben (vgl. auch 2Kön 24,1; Dan 1,1).[280]

In der Bibel werden für „Glaube“ verschiedene Ausdrücke verwendet. Im hebräischen Alten Testament wird der Ausdruck „aman“ herangezogen. „Aman“ bedeutet „treu sein, sich als zuverlässig erweisen, fest sein, beständig sein, sich verlassen auf oder auch vertrauen“[281]. In der Geschichte des Volkes Israel wird der Begriff mit der

[276] Jacob und Wilhelm Grimm, *Deutsches Wörterbuch, Band 7, Vierter Band 4, I. Abteilung 4. Teil, Gewöhnlich – Gleve,* Hermann Wunderlich (Hrsg.), Fotomechanischer Nachdruck der Erstausgabe 1949, München: Deutscher Taschenbuchverlag, 1984, siehe unter „Glaube“, 7777-7847, 7777.

[277] Jacob und Wilhelm Grimm, *Deutsches Wörterbuch, Band 7,* siehe unter „Glaube“, 7777-7847, 7778.

[278] Rienecker, Fritz (Hrsg.), *Lexikon zur Bibel,* siehe unter: „Schrift, Heilige“, 1238-1258, 1238.

[278] Thomas Ruster, *Glauben macht den Unterschied: Das Credo,* München: Verlagsgruppe Random House GmbH, 2010, 32.

[279] Rienecker, Fritz (Hrsg.), *Lexikon zur Bibel,* siehe unter: „Schrift, Heilige“, 1238-1258, 1247.1248.

[280] Thomas Ruster, *Glauben macht den Unterschied: Das Credo,* 32.

[281] Elberfelder Studienbibel, Sprachschlüssel AT Nr. 557, „aman“, 1505.

Person Gottes und seinem konkreten Reden und Handeln in Verbindung gebracht, das sich stets als zuverlässig und wahr erweist, (vgl. 2Mose 4,1.5.8; 14,31; 19,9; Ps 106,12). Eine bestimmte abschließende Definition des Glaubensbegriffs findet sich im Alten Testament nicht. Im Zentrum steht Jahwe als Schöpfergott und alleiniger Gott Israels mit ewigen Bundes- und Heilsversprechen für sein Volk (vgl. 2Mose 2,24; 3,15; 2Mose 6,2 und 2Mose 34,6).

Trotz dieser persönlichen Geschichte zwischen Israel und Jahwe geht die jüngere Bibelforschung von einem Heil bringenden Segen mit internationalem, alle Völker betreffenden, Charakter aus. Die Offenbarung Gottes als allmächtiger Schöpfer lässt ihn von Anfang an zum Segen bringenden Gott für alle Menschen werden.[282] Eine Konkretisierung und letztendliche Belegung dieses Gedankens wird aus 1Mose 12,1-3 hergeleitet:

> „Und der HERR sprach zu Abram: Geh aus deinem Land und aus deiner Verwandtschaft und aus dem Haus deines Vaters in das Land, das ich dir zeigen werde! Und ich will dich zu einer großen Nation machen, und ich will dich segnen, und ich will deinen Namen groß machen, und du sollst ein Segen sein! Und ich will segnen, die dich segnen, und wer dir flucht, den werde ich verfluchen; und in dir sollen gesegnet werden alle Geschlechter der Erde!"

Abram wird hier ein besonderer Segen Gottes zugesagt. Dieser Segen ist jedoch nicht bedingungslos, sondern verwirklicht sich in dem Gehorsam Abrams. Er erhält keinen Befehl, den Segen zu den Völkern zu tragen, sondern die Völker werden den göttlichen Segen erhalten, wenn sie Abrams Glauben in dessen Gehorsam sehen, mit seiner Nachkommenschaft Kontakt haben und diesen Glauben selbst annehmen.[283] Zur Bekräftigung dieser Zusage erhält Abram den Namen Abraham: „Vater vieler Völker" (1Mose 17,5). Der in diesem Kontext verwendete hebräische Begriff „goj" für „Volk" wird häufig mit „Nation" übersetzt und steht für eine politische und territoriale Einheit. Er steht *nicht* für die Einheit durch eine gegebene Blutsverwandtschaft und damit tatsächliche Abstammung als einendes Element, so dass hier ein internationaler Ansatz erkennbar ist. Der Begriff wird außerdem im Kontext des Alten Testaments für nicht-israelitische Völker verwendet.[284] Der Glaube Abrahams wird demzufolge ein Segen für alle Menschen, unabhängig ihrer Abstammung, sein. Abraham wird bereits für das *künftige* Heil gesegnet und dafür ausgesandt. Die Geschichten des Alten Testaments dienen als beweisende Zeugnisse (vgl. Hebr 12,1-2)

---

[282] Eckhard J. Schnabel, *Urchristliche Mission*, Wuppertal, R. Brockhaus Verlag, 2002, 59.
[283] Eckhard J. Schnabel, *Urchristliche Mission*, 64.
[284] Elberfelder Studienbibel, Sprachschlüssel AT Nr. 1492, „goj", 1542.

für alle Menschen. Der Glaube im Alten Testament wird zu einer in der Gegenwart beginnenden Hoffnung für eine künftige Heilsgewissheit in einem anderen Reich (vgl. auch Ps 24,5; Ps 27,1; Lk 3,18; Joh 14,6).

Das Neue Testament führt diese Heilsbotschaften und das zu erwartende Reich in eine neue greifbare Realität hinein: in die Menschwerdung Jesu Christi als Sohn Gottes (vgl. Mt 3,17) und gleichzeitig als ein sichtbarer, anfassbarer Teil des Reiches Gottes (Lk 17,21).

Für den Ausdruck „Glauben" findet sich im Neuen Testament der griechische Ausdruck „pistis", was mit „Zustimmung zu und Vertrauen auf gewissen göttliche Wahrheiten"[285] übersetzt wird (vgl. hierzu Mt 8,10; Apg 3,16; Röm 1,17; Gal 5,6, Hebr 11). Das Neue Testament, vor allem die Aussagen Jesu und die Lehren des Paulus nehmen immer wieder Bezug auf die Aussagen und Ereignisse des Alten Testaments (vgl. Mt 1,1; Lk 16,24.25; Joh 8,56.57; Gal 3,14). Es findet sich folgende Glaubensdefinition: „Der Glaube aber ist eine Wirklichkeit dessen, was man hofft, ein Überführtsein von Dingen, die man nicht sieht. Denn durch ihn haben die Alten Zeugnis erlangt" (Hebr 11,1.2). Der unbekannte Verfasser des Hebräerbriefes beschreibt an dieser Stelle den Glauben als eine noch nicht sichtbare Tatsache und Wirklichkeit, auf die man ohne Zweifel hoffen darf. Eine Hoffnung auf etwas Künftiges, was nur bedingt in dieser irdischen Welt beginnt und sichtbar wird. Das bedeutet, dass die gegebene Wirklichkeit der Dinge tatsächlich nicht die letztendliche Wahrheit verkörpert. Damit wird auch ein auf wissenschaftlichen und materialistischen Erkenntnissen aufgebautes Weltbild in Frage gestellt.

In einem weiteren Schritt soll das Wesen Gottes näher betrachtet werden, um der Wahrheit näher zu kommen.

5.2 Das Wesen Gottes

Um einen Aufschluss über Gottes Wesen zu erhalten, sollen im Schwerpunkt folgende Aspekte betrachtet werden: die Allmacht Gottes, die Heiligkeit Gottes und die Dreifaltigkeit Gottes. Darin werden die Gründe und Folgen für eine vertrauensvolle Beziehung zu Gott besonders deutlich.

Die Allmacht Gottes wird in seiner Schöpferkraft offenbar. Allein auf Gottes Wort hin entsteht Leben (vgl. 1Mose 1,3.9; Lk 7,7.9; Joh 1,1). Dieser Schöpfungsakt ist

[285] Elberfelder Studienbibel, Sprachschlüssel NT Nr. 3952, „pistis", 2043

ein Wunder, das man für wahr halten, also glauben muss. Darüber hinaus gibt die Bibel zahlreiche Zeugnisse über weitere Wunder, die Menschen mit Gott erlebten. Die Zeichen und Wunder geben Einblick in die Güte und Herrlichkeit Gottes (vgl. 5Mose 3,24). Für Gott ist nichts unmöglich (Mk 10,27). Durch ihn werden Kranke geheilt, Blinde sehend und Tote auferweckt (vgl. Mt 10,8; 11,5). Er wird zum Anfang und Ende und hält alles in seiner Hand (vgl. Offb 1,8).

Die Originalität und Einzigartigkeit im Wesen Gottes zeichnet sich laut biblischen Aussagen dadurch aus, dass Gott nicht nur allmächtig, sondern auch heilig und (nur) gut ist (vgl. auch Mk 10,18):

> „In ihm war das Leben, und das Leben war das Licht der Menschen. Und das Licht scheint in der Finsternis, und die Finsternis hat's nicht ergriffen“ (Joh 1,4.5).

Dieses „Gute“ schließt jegliches Böse gänzlich aus. Zur Verdeutlichung verwendet die Bibel den Vergleich zwischen Licht und Finsternis. Das Licht, für Gott und das Gute stehend, vertreibt die Finsternis. Diese beiden Elemente können sich nicht vermischen. Das Licht spiegelt die Herrlichkeit und Heiligkeit Gottes wider. Gottes Wesen ist einzigartig heilig (vgl. 3Mose 21,23; Ps 99,9; Offb 4,8).

Im Allgemeinen wird etwas als heilig angesehen, wenn es sich vom Gewöhnlichen unterscheidet und abgrenzt. Damit verbunden wird eine besondere Macht, die jede irdische Macht übertrifft.[286] Diese Heiligkeit wird im erweiterten Wortsinn auch mit „Reinheit und Makellosigkeit“[287] gleichgesetzt.

Die Bibel unterscheidet zwei Arten von Heiligkeit. Es gibt eine kultische Bedeutung von heilig. An dieser Stelle wird der griechische Ausdruck „heiros“ verwendet (vgl. Mt 8,4; Lk 1,5; Joh 1,19). Er beschreibt vor allem eine moralische Heiligkeit.[288] Darunter fallen vor allem die Priester, die sich äußerlich gereinigt haben. Demgegenüber steht der griechische Ausdruck „hagios“, der eine besondere Heiligung bezeichnet, die auch als persönliche Eigenschaft im Wesen angesehen werden kann.[289] Gottes ganzes Wesen ist makellos, gut, rein und somit heilig:

> „(...) und sie hören Tag und Nacht nicht auf zu sagen: Heilig, heilig, heilig, Herr, Gott, Allmächtiger, der war und der ist und der kommt!“ (Offb 4,89).

Das sittlich reine und moralisch richtige Verhalten der Priester ist Weg weisend für die Heiligkeit Gottes. Gottes Heiligkeit ist jedoch eine immanente im Wesen Gottes

[286] Fritz Rienecker (Hrsg.), *Lexikon zur Bibel*, siehe unter: „Heiligkeit, heilig“, 580-581.
[287] Fritz Rienecker (Hrsg.), *Lexikon zur Bibel*, siehe unter: „Heiligkeit, heilig“, 580-581.
[288] Elberfelder Studienbibel, Sprachschlüssel NT Nr. 2381, „hiereus“, 1947.
[289] Elberfelder Studienbibel, Sprachschlüssel NT Nr. 41, „hagios“, 1857.

bedingte absolute Fehlerlosigkeit. Der Mensch im Alten Testament konnte in seinem Handeln diese Heiligkeit nur äußerlich bezeugen (vgl. 4Mose 8,21; 1Chr 15,14; Neh 12,30). Eine Handlungsnorm, eine Hilfe auf dem guten und richtigen Weg zu bleiben, bildeten die zehn Gebote (vgl. 2Mose 24,12).

Ein weiteres Wesensmerkmal Gottes ist die Dreifaltigkeit, ein Ausdruck von besonderer Gemeinschaft und Einheit. Diese Trinitätslehre wurde durch die geschichtlichen biblischen Erfahrungen begründet.[290] Im Alten Testament galt Gott als Vater Israels. Durch Gottes Handeln und Eingreifen in die Geschichte des Volkes Israel wurde die Wahrheit seiner Existenz und Allmacht bezeugt (vgl. 2Mose 7,21; 4Mose 11,31; 5Mose 29,4). Im Neuen Testament nahm Gott durch einen Gesandten menschliche Gestalt an. Jesus Christus ist Gottes Sohn und gleichzeitig ein Mensch.[291]

Die wahrhaftige Göttlichkeit Jesu Christi fand in seinem übernatürlichen Wirken und Handeln ihre Bestätigung (vgl. Lk 4,17.18 i. V. m. Jes 61,1; Mt 21,14). Gleichzeitig gaben seine Existenz und sein Handeln einen Einblick in das Reich Gottes. Nach einer Dämonenaustreibung führte Jesus aus:

> „(…) Wenn ich aber durch den Geist Gottes die Dämonen austreibe, so ist also das Reich Gottes zu euch gekommen“ (Mt 12,28).

Eine konkrete und reale übernatürliche Welt, eine andere Wirklichkeit, wurde in Jesus Christus offenbar. Sie wurde persönlich erfahrbar durch mit der Vernunft nicht zu erklärende Zeichen und Wunder.

Jesus rief seine Jünger dazu auf, *selbst* Zeichen und Wunder in seinem Namen zu tun. Als göttliche Vollmacht wurde den Jüngern der Heilige Geist, ebenfalls ein Teil Gottes, geschenkt (vgl. Joh 14,26; 16,26; 20,22; Apg 1,8). Jesus selbst beschrieb diesen Vorgang als Wiedergeburt: „Was aus dem Fleisch geboren ist, ist Fleisch, und was aus dem Geist geboren ist, ist Geist. Wundere dich nicht, dass ich dir sagte: Ihr müsst von neuem geboren werden“ (Joh 3,7.8). Paulus sprach von einer neuen Schöpfung in Christus, die im Geist neu beginnt (vgl. 2Kor 5,17). Darin spiegelt sich die Ebenbildlichkeit Gottes neu wider (vgl. auch Gal 2,20):

> „Denn so viele durch den Geist Gottes geleitet werden, die sind Söhne Gottes. Denn ihr habt nicht einen Geist der Knechtschaft empfangen, wieder zur Furcht, sondern einen Geist der Sohnschaft habt ihr empfangen, in dem wir rufen: Abba, Vater! Der Geist selbst bezeugt zusammen mit unserem Geist,

---

[290] Genfer Studienbibel, siehe unter: „Eins und drei – Gottes Dreieinigkeit“, 1150.

[291] Joseph Ratzinger, Benedikt XVI, *Einführung in das Christentum*, Augsburg: Verlagsgruppe Weltbild GmbH, 2007, 150.

> dass wir Kinder Gottes sind. Wenn aber Kinder, so auch Erben, Erben Gottes und Miterben Christi, wenn wir wirklich mitleiden, damit wir auch verherrlicht werden" (Röm 8,14-17).

Die Kraft und das Wirken des Heiligen Geistes sind wegweisend für das, was der Mensch noch in voller Entfaltung erfahren wird: Eine Gegenwart in der Heiligkeit des allmächtigen Gottes im ewigen Reich Gottes. Durch den Heiligen Geist wird der Mensch ein Teil dieses jenseitigen Reiches (Joh 14,16-17).

Beginnend mit der Aufklärung wurde versucht, Gott in seiner Existenz zu beweisen. Nur, was die Vernunft des Menschen zu erfassen vermochte, konnte wahr sein. Jedoch ist Gott als vernünftige Tatsache gerade nicht wirklich überprüfbar.

Exakt diese Frage konnte Kant nicht beantworten, er konnte sie jedoch auch nicht verneinen oder ignorieren. Er musste das Verhältnis von Vernunft und dem „absoluten Totalen"[292] wie ein offenes Geheimnis stehen lassen. Offen deshalb, weil sich diese Frage dem menschlichen Sein stets stellte. Für Kant und für nicht im Geist wiedergeborene Philosophen blieb und bleibt sie ein unerklärbares Geheimnis.

Dietrich Bonhoeffer hat dies wie folgt ausgedrückt: „Einen Gott, den es gibt, gibt es nicht."[293] Gott kann nur durch den Glauben, einem Vertrauen auf sein Wort und einem für Wahr halten der übernatürlichen und geistigen Welt, wahrgenommen werden. „Der Glaube ist eine besondere Wahrnehmung, die Gott entspricht."[294]

Paulus beschrieb den Glauben als „Geheimnis", das in Christus offenbar wurde (vgl. Eph 1,9; 3,3). Der griechische Ausdruck des Wortes „Geheimnis" im Epheserbrief ist „Mysterion". Dieser Ausdruck umschreibt einen Sachverhalt, welcher sich der eindeutigen Erklärbarkeit prinzipiell entzieht. Es handelt sich um eine Information, die nur durch eine übernatürliche Offenbarung möglich wurde. Paulus bestätigte, dass ihm dieses Geheimnis offenbart wurde.[295]

Im Neuen Testament wird das Wort „Mysterion" für eine sonst nicht zugängliche Offenbarung verwendet, die aber keiner Arkandisziplin unterliegt, sondern allgemein mitgeteilt werden soll.[296] Das heißt, es ist kein Geheimnis, das versteckt gehalten werden muss, sondern im genauen Gegenteil: Die Verbreitung gilt als dringend ge-

---

[292] Immanuel Kant, *Critik der reinen Vernunft*, 1787, 537.

[293] Thomas Ruster, *Glauben macht den Unterschied, Das Credo*, 11.

[294] Thomas Ruster, *Glauben macht den Unterschied, Das Credo*, 11.

[295] Genfer Studienbibel, Brief an die Epheser Kapitel 3, Vers 3;
vgl. auch Fritz Rienecker, *Wuppertaler Studienbibel: Der Brief des Paulus an die Epheser*, Taschenbuchsonderausgabe, Wuppertal: Brockhaus, 1989, 108.

[296] Manfred Hutter, Michael Theobald, Eva-Maria Faber, Anastasios Kallis, *Art. 'Mysterium, I.-IV., in: Lexikon für Theologie und Kirche*, 3. Auflage, Herder 1993, Original von University of Michigan, 577-582.

boten und versetzt in Erstaunen. In diesem Sinne wird der Ausdruck im Neuen Testament besonders im Zusammenhang der Christologie gebraucht. Bei Paulus und im Epheserbrief beziehen sich dieser Begriff auf dessen errettenden Kreuzestod für alle Menschen, Heiden und Juden.[297] Joseph Ratzinger führte hierzu aus:

> „In Jesu Leben aus dem Vater, in der Unmittelbarkeit und Dichte seines betenden, ja, sehenden Umgangs mit ihm ist er der Zeuge Gottes, durch den hindurch der Unberührbare berührbar, der Ferne nahe geworden ist. (...) er ist die Anwesenheit des Ewigen selbst in dieser Welt."[298]

In Christus wird der allmächtige Gott persönlich erfahrbar. Durch ihn erhält der Mensch die Ebenbildlichkeit, den Spiegel des Erkanntwerdens, zurück, den er einst in seiner bewussten Abwendung verloren hatte.

Darüber hinaus geben sie einen prophetischen Hinweis auf das Reich Gottes, das sich dem Christen noch nicht in seiner Vollendung offenbart hat. Die Gemeinde, das Leben und die Gemeinschaft der Gläubigen, soll jedoch ein Zeugnis dieses übernatürlichen Geheimnisses sein: "Geheimnis des Glaubens: Er ist offenbart im Fleisch, gerechtfertigt im Geist, erschienen den Engeln, gepredigt den Heiden, geglaubt in der Welt, aufgenommen in die Herrlichkeit."[299]

Die Wissenschaft kann mit ihren menschlich begrenzten Mittel diese Vollkommenheit Gottes nicht in ihrer vollendeten Herrlichkeit ergreifen. Denn Gott selbst ist keine Tatsache von der Art, wie sie die Welt kennt. Gott ist Gott, er ist, der er ist (vgl. auch 2Mose 6,2). Er ist nicht irgendein Teil dieser Welt. Die Welt wurde als Teil aus ihm heraus durch sein Wort erschaffen (vgl. 1Mose 1,1): „Durch Glauben verstehen wir, dass die Welten durch Gottes Wort bereitet worden sind, so dass das Sichtbare nicht aus Erscheinendem geworden ist" (Hebr 11,3).

Die Welt und der Mensch sind gerade nicht aus Dingen entstanden, die die menschlichen Sinne erfassen können. Die menschlichen Sinne, gesteuert durch Vernunft und Verstand, sind und bleiben in ihrer Natürlichkeit begrenzt. Zur Erfassung dieses letzten Geheimnisses braucht es eine Übernatürlichkeit.

Die Trinität Gottes ermöglicht dem Menschen einen neuen Zugang zu Gott und einer Gemeinschaft mit ihm. Ein Schwerpunkt der Verkündigung Jesu Christi liegt auf dem künftigen Himmelreich und dem Glauben an ein Reich des ewigen Lebens. Durch Jesus Christus hat der Mensch selbst einen *neuen* Zugang erhalten (vgl. Mt

---

[297] Fritz Rienecker, *Wuppertaler Studienbibel, Der Brief des Paulus an die Epheser,* 109.
[298] Joseph Ratzinger, Benedikt XVI, *Einführung in das Christentum*, 69.70.
[299] Manfred Hutter, Michael Theobald, Eva-Maria Faber, Anastasios Kallis, *Art. 'Mysterium, I.-IV., in: Lexikon für Theologie und Kirche,* 577-582.

4,17; 5,3).[300] Der physische Mensch kann mit dem Metaphysischen neu vereint werden.

Weitere biblische Ausführungen eröffnen einen kleinen Einblick in die jenseitige, kommende Welt (vgl. Offb 12,10).

Klammert man aus dem Glauben die übernatürlichen Botschaften und Wunder aus, oder qualifiziert man sie als eingetretene Zufallsphänomene ab, so bliebe vom christlichen Glauben nur noch eine Moral- und Sittenlehre übrig. Der Glaube würde auf eine rein weltliche, zeitlich begrenzte und vernünftige Ebene heruntergestuft werden. Das Besondere der Dreifaltigkeit Gottes ist einerseits die Eigenständigkeit der Personen und gleichzeitig die unerschütterliche geistliche Einheit zu einem Sein. Der Mensch ist einzigartig und doch nur in der Einheit mit Gott vollkommen. Dies wird deutlich, als Jesus kurz vor seinem Tod um den Erhalt dieser Einheit rang (vgl. Lk 22,42.44). Besonders an dieser Stelle wird der Glaube an eine unmittelbare Gottesnähe sichtbar. „Nur der Gott, der einerseits der wirkliche Grund der Welt und andererseits ganz der uns nahe ist, kann Ziel einer der Wahrheit verpflichteten Frömmigkeit sein."[301]

Darin unterscheidet sich der christliche vom philosophischen Glauben. Nach dem antiken Denken ist nur eine Einheit göttlich. Die Vielheit ist ein Zeichen von Zerfall und Unvollkommenheit.[302] Die Göttlichkeit des christlichen Gottes liegt jedoch gerade darin, dass sie die höchste Einheit durch die „Vieleinheit, die in der Liebe wächst"[303], ermöglicht.

Das entscheidende am Wesen Gottes ist, dass die Liebe nicht nur ein Charakterzug Gottes ist, sondern Gott selbst ist die Liebe in ihrem Ursprung aus seiner einzigartigen Heiligkeit heraus: „Gott ist Liebe, und wer in der Liebe bleibt, bleibt in Gott und Gott bleibt in ihm" (1Joh 4,17b). Aus dieser Liebe heraus entstehen Leben und Freude. Um dieses Leben zu erhalten, braucht es eine besondere Freisetzung und Freiheit (vgl. Gal 5,1).

Auf der Grundlage der biblischen Zeugnisse wurde die Substanz der christlichen Religion, der christliche Glaube, in der Kirchengeschichte in unterschiedlichen Glaubens*bekenntnissen* zusammengefasst. Schon aus dem zweiten Jh. n. Chr. sind erste Taufbekenntnisse bekannt. Aus diesen entwickelten sich in der westlichen Tra-

---

[300] Genfer Studienbibel, siehe unter „Die Lehre Jesu", 1525.
[301] Joseph Ratzinger, Benedikt XVI, *Einführung in das Christentum*, 154.
[302] Joseph Ratzinger, Benedikt XVI, *Einführung in das Christentum*, 154.166.
[303] Joseph Ratzinger, Benedikt XVI, *Einführung in das Christentum*, 166.

dition das altrömische und das Apostolische Glaubensbekenntnis in lateinischer Sprache, in der östlichen Tradition verschiedene griechischsprachige Varianten. Daraus entwickelten sich 325 n. Chr. das Nicänische Glaubensbekenntnis und ein wenig später das Nicänokonstantinopolitanum, was vorwiegend in östlichen Kirchen als verbindliches Bekenntnis des Glaubens akzeptiert wird.[304]

Ein weiteres Bekenntnis ist das Athanasianische Glaubensbekenntnis bzw. Quicumque, das heute z. B. in der Evangelischen Kirche im Rheinland neben Apostolicum und Nicänokonstantinopolitanum zu den drei grundlegenden Bekenntnissen gehört. Das Quicumque ist jedoch in den Kirchen abendländischer Tradition weitgehend in den Hintergrund getreten.[305]

Das Konzil von Trient hatte darüber hinaus einen Katechismus zur Sakramentenvorbereitung[306] und der damit verbundenen systematischen, katechetischen Unterweisung in Predigt und Christenlehre vorbereitet und in den Kirchenalltag integriert. Die darin vorgegebenen Schritte sollten dem Gläubigen helfen, im Glauben zu wachsen und diesen zu vertiefen. Den Pfarrern diente er als Leitfaden.[307]

Das Apostolische Glaubensbekenntnis ist eines der ältesten christlichen Bekenntnisse. Die evangelische und katholische Kirche haben sich 1971 für den deutschen Sprachraum weitgehend auf einen einheitlichen Text geeinigt.[308]

Dieses Bekenntnis des Glaubens betrachtet Gott selbst, sein Wesen und seine Taten, aber auch die Kirche als Sammelpunkt für die gläubig gewordenen und die Aussicht auf ein ewiges Leben. Es verbindet bewusst irdische und metaphysische Elemente.[309]

Der vernünftige und aufgeklärte Mensch empfindet die Glaubensaussagen eher als mystischen Schwachsinn (vgl. 1Kor 1,18.27). Paulus führte hierzu aus: „Ein natürlicher Mensch aber nimmt nicht an, was des Geistes Gottes ist, denn es ist ihm eine Torheit, und er kann es nicht erkennen, weil es geistlich beurteilt wird“ (1Kor 2,14). Das Übernatürliche wird dabei aus Sicht eines Gläubigen zu einer Selbstverständlichkeit, denn Gott geht über die Immanenz Spinozas und der Kantschen Annahme

---

[304] Der Bockhaus, *Religionen, Glauben, Riten, Heilige*, herausgegeben von der Lexikonredaktion des Verlags F.A. Brockhaus, Mannheim, Wissenschaftliche Buchgesellschaft, Mannheim, 2004, siehe unter: „Nicänisches Glaubensbekenntnis“, 468-469 und „Apostolisches Glaubensbekenntnis“, 46.

[305] Der Bockhaus, *Religionen, Glauben, Riten, Heilige*, siehe unter: „Quicumque“ 538.

[306] In den Sakramenten findet das Wort Gottes sichtbare Gestalt. Gleichzeitig bekennt der gläubige Christ seinen Glauben in diesen Sakramenten wie Ehe, Buße, Taufe etc., nachzulesen bei: http://www.alt.dbk.de/katechismus/index.php, 20.09.2011.

[307] Robert Bellarmin, *Katechismen, Glaubensbekenntnis, Vater unser*, Andreas Wollbold (Herausgeber und Übersetzer), Würzburg: Echter Verlag, 2008, 11.12.

[308] Der Bockhaus, *Religionen, Glauben, Riten, Heilige*, siehe unter: „Apostolisches Glaubensbekenntnis“, 46.

[309] Nachzulesen bei: Robert Bellarmin, *Katechismen, Glaubensbekenntnis, Vater Unser*, 40.

des natürlich vernünftig Erfassbaren hinaus. Maurice Blondel führte hierzu aus: „Der Glaubende dagegen lebt in einer Gewissheit, die in ihm ist, ohne von ihm zu stammen, und so kann er sich selbst mit allem, was er aus sich ist, in Frage stellen, ohne seine gründende Geborgenheit in einem Anderen zu verlieren."[310]

In Christus wird diese übernatürliche Vollmacht des Glaubens persönlich greifbar (Mt 17,20). Nur durch den Glauben hat der Mensch, so Blondel, die notwendige

> „Geduld, die Frage bis in ihre wahre Antwort hinein zu Ende zu denken – während ihm die Geborgenheit in Gott, welche nicht nur Gabe, sondern Anspruch durch einen Größeren ist, verbietet, sich im Ungeborgenen der Urfrage selbstisch zu gefallen. So ist er vom Glaubensleben her mehr als ein anderer auf das rechte Verhältnis zur philosophischen Urfrage eingeübt; ja es dürfte kaum einen Denker geben, der das Sein auf sich selbst je so sehr in Frage gestellt hat, wie sich der Glaubende als Sünder vor Gott in Frage gestellt sieht."

Diese Ausführungen sollen verdeutlichen, dass sich jeder Mensch letztlich für oder gegen das Übernatürliche entscheiden muss, denn die reale Existenz ist lediglich eine Seinserfahrung. Nur das für Wahr halten und das sich darauf Einlassen, ein abhängig machen davon, klärt die entscheidende Seinsfrage.

5.3 Gottes Reich und menschliche Freiheit

Durch die Aussagen und Geschichten der Bibel über Gott und sein Handeln wird deutlich, dass die Freiheit eine Eigenschaft Gottes ist. Gott allein ist völlig unabhängig von Menschen oder irgendwelchen Umständen. Er wird von nichts bestimmt (vgl. 1Mose 6,13; Röm 9,18; Eph 1,11). In seinem schöpferischen und erlösenden Handeln ist Gott ungebunden (vgl. 1Mose 8,21.22, Joh 3,16; Röm 9,21). Karl Rahner führte hierzu aus, dass die „Freiheit (...) eine transzendentale Eigentümlichkeit des einen Subjekts als solches ist"[311].

Der Mensch wurde ursprünglich als Abbild des einen Gottes geschaffen:

> „Und Gott sprach: Lasst uns Menschen machen in unserm Bild, uns ähnlich! Sie sollen herrschen (…) über die ganze Erde und über alle kriechenden Tiere, die auf der Erde kriechen!" (1Mose 1,26).
> (...)
> „Und Gott sah alles, was er gemacht hatte, und siehe, es war sehr gut." (1Mose 1,31).

---

[310] Maurice Blondel, Peter Henrici *Tagebuch vor Gott. 1883-1894,* übersetzt von Hans Urs von Balthasar, Einsiedeln: Johannes Verlag, 1974, 283.

[311] Karl Rahner, *Sämtliche Werke, Band 26, Grundkurs des Glaubens, Studien zum Begriff des Christentums,* herausgegeben von der Karl-Rahner-Stiftung, Freiburg im Breisgau: Herder Verlag, 1999, 42.

Die vorangegangene Schöpfung, die Natur und die Tiere, sind aus Gott heraus geschaffen worden, aber nur dem Menschen wird eine Gottähnlichkeit biblisch zugesagt: „(...) da bildete Gott, der HERR, den Menschen, aus Staub vom Erdboden und hauchte in seine Nase Atem des Lebens; so wurde der Mensch eine lebende Seele“ (1Mose 2,7). Dem Menschen wird der Atem Gottes, der Geist Gottes eingehaucht. Ähnlich dem Wesen Gottes, aber Gott bleibt das Original, der Ursprung und der Lebensgeber (vgl. Offb 1,8). Der Mensch wurde als eine „Nachbildung“[312] Gottes geschaffen, denn er wurde nach ihm gebildet.

Dem Wesen Gottes ähnlich zu sein, bedeutet, dass der Mensch in seiner Entstehung wesensähnliche Züge Gottes hat. Denn er wurde aus ihm und durch ihn erschaffen, sozusagen geboren. So hat der Mensch die Freiheit als Wesenseigenschaft erhalten. Der Mensch wurde geschaffen, um

> „frei in einer Freiheit, die primär nicht das einzelne psychische Vorkommnis isoliert als solche meint, sondern in einer Freiheit, die das eine ganze Subjekt in der Einheit des ganzen Existenzsvollzugs als einen meint“[313].

Das bedeutet, nur in der vollkommenen Einheit mit dem Ursprung der Freiheit, nämlich Gott, kann der Mensch frei sein. Diese Einheit fordert völlige Abhängigkeit. Das Hauptproblem des Menschen liegt jedoch in dem Streben nach Unabhängigkeit und Gott selbst sein zu wollen (vgl. 1Mose 3,5.6). Als Abbild kann der Mensch jedoch nur im und durch das Original existieren. Paulus führt im Römerbrief hierzu aus:

> „Denn sein unsichtbares Wesen, sowohl seine ewige Kraft als auch seine Göttlichkeit, wird seit Erschaffung der Welt in dem Gemachten wahrgenommen (…); weil sie Gott kannten, ihn aber weder als Gott verherrlichten noch ihm Dank darbrachten, sondern in ihren Überlegungen in Torheit verfielen und ihr unverständiges Herz verfinstert wurde“ (Röm 1, 20.21).

Das Streben nach Unabhängigkeit und dem Willen, sein eigener Herr zu sein, führte dazu, dass der Mensch sich selbst vom Leben abschnitt, so als würde er den Ast eines Baumes, auf dem er sitzt, selbst absägen.

In dem Augenblick, als der Mensch begehrte seine eigenen Wege zu gehen und sich bewusst gegen Gottes Reden und sein Wesen stellte, entschied er sich gegen Gott und verlor die Verbindung zur Liebe, Heiligkeit und Freiheit. Dabei entstand eine Kluft, die Sünde, die den Menschen von Gott trennte. Die Trennung vom Leben gebenden Gott bedeutete den Verlust der Freiheit durch den Tod: „Danach, wenn die

---

[312] Elberfelder Studienbibel, Sprachschlüssel AT Nr. 1865, „demut“, 1555.

[313] Karl Rahner, *Sämtliche Werke*, 42.

Begierde empfangen hat, bringt sie Sünde hervor; die Sünde aber, wenn sie vollendet ist, gebiert den Tod" (Jak 1,15).

Der Mensch wurde auf den Tod hingewiesen: „ aber vom Baum der Erkenntnis des Guten und Bösen, davon darfst du nicht essen; denn an dem Tag, da du davon isst, musst du sterben!" (1Mose 2,17).

Das hebräische Wort für Sterben an dieser Stelle ist eine Intensivform, die im Deutschen kaum übersetzbar ist, etwa „sterben sollst du sterben"[314]. Nachdem der Mensch von der Frucht gegessen hatte, starb er körperlich nicht sofort, aber es starb die Sehnsucht von Gott ganz und gar erkannt zu sein, denn der Mensch versteckte und bedeckte sich. Er fürchtete sich vor dem „Angesicht Gottes" (1Mose 3,8). Die reine Ebenbildlichkeit des Menschen war zerstört. Der Mensch war geistlich gestorben.[315] Körperlich hatte sich nichts verändert. Nach diesem Ereignis nahm das Böse in der Welt zu (vgl. 1Mose 4,9; 6,5; 9,22).

Das Verlassen des Paradieses hatte im Weiteren den physischen Tod zur Folge (vgl. 1Mose 3,22).

Durch den Tod Jesu am Kreuz wurden die Sünden der Menschen getilgt und der unausweichlich eingetretene Tod stellvertretend vollzogen. Eine neue geistliche Brücke wurde zum Leben gebaut. In der Erkenntnis seiner Sündhaftigkeit erhält der Mensch die Möglichkeit zurückzukehren. In der Annahme des Opfers Jesu Christi erhält er ein Stück Heiligkeit durch die Kraft des Heiligen Geistes tatsächlich zurück (Mk 1,8; Joh 20,22; Eph 1,13). In Christus, durch die Kraft des Heiligen Geistes, wird für den Menschen die Wirklichkeit des Reiches Gottes neu erfahrbar (vgl. Gal 2,20). Der Mensch wird wieder zu einem Teil Gottes. Der „Leib Jesu" wird im Neuen Testament als die „Gemeinde Jesu" bezeichnet (1Kor 1,2). Zu einem neuen, gottähnlichen Wesen werden folglich alle die, die das Opfer Jesu für sich persönlich annehmen und den Heiligen Geist als die den Willen bestimmende Instanz in sich herrschen lassen. Jesus ist das Haupt (vgl. Eph 1,22, Kol 1,18), der Mensch wird *nur* zu einem den Willen ausführenden Glied dessen (vgl. auch die Ausführungen Jesu Christi über das tägliche Gebet, Mt 6,9).

Da Gott selbst die Freiheit impliziert, erhält der Mensch in der Kraft des Heiligen Geistes ebenfalls eine neue Freiheit. Paulus führte hierzu aus: „Der Herr aber ist der Geist; wo aber der Geist des Herrn ist, ist Freiheit" (2Kor 3,17).

---

314 Elberfelder Studienbibel, Sprachschlüssel AT Nr. 4265, „mut", 1649.
315 Elberfelder Studienbibel, Sprachschlüssel NT Nr. 2261, „thanatos", 1960.

Der im Neuen Testament gebrauchte griechische Begriff für „Freiheit“, „eleutheria“ [316], wird nur im religiösen Sinne verwendet. Diese Freiheit ist unabhängig von den politischen und sozialen Umständen. Der Mensch, der vorher unter der Knechtschaft und Herrschaft der Sünde und dem damit verbundenen Tod gestanden hat (vgl. Röm 5,5), wird frei für ein neues Leben. Diese neue Freiheit ist nicht statisch, sondern ein dynamischer zunehmender Prozess (vgl. Gal 5,1). Das neue geistliche Bewusstsein befreit den Menschen von der zeitlich begrenzten Nichtigkeit und dem damit verbundenen Druck seiner weltlichen Umständen, seines Wohlstandes, seiner gesellschaftlichen Stellung. Das bedeutet, trotz schwieriger Umstände, wird der Mensch Freiheit erleben und empfinden, da er durch die Kraft des Heiligen Geistes, in der Gewissheit seines Glaubens an ein ewiges Leben getragen wird.

Auch wenn hier eine transzendente Freiheit im Vordergrund steht, so wird die Freiheit immer „durch die konkrete Wirklichkeit der Raumzeitlichkeit, der Leiblichkeit, der Geschichte der Menschen vermittelt“[317]. Die Freiheit wird zur erlebbaren Wirklichkeit und im menschlichen Sein offenbar. Paulus führte hierzu aus:

> „Die Frucht des Geistes aber ist: Liebe, Freude, Friede, Langmut, Freundlichkeit, Güte, Treue, Sanftmut, Enthaltsamkeit“ (Gal 6, 22.23a).

Der Mensch wird erfüllt sein von Freude, innerer Ruhe, Geduld und Liebe als Zeichen einer inneren göttlichen Freiheit, die durch die geistliche Abhängigkeit zu Gott, in Abgrenzung zur weltlichen Unfreiheit, real erlebbar wird. Er wird dazu angehalten, in diesem Sinne zu leben (vgl. Kol 3).

Der Mensch wird in Jesus Christus zu einem Teil des neuen Gottesvolks. Dieses Volk wird in einer endgültig friedvollen Staatsform unter Gottes Herrschaft im Himmel seine Vollendung und ewige Ruhe finden. Petrus hielt hierzu fest: „(...) die ihr einst nicht ein Volk wart, jetzt aber ein Volk Gottes seid; die ihr nicht Barmherzigkeit empfangen hattet, jetzt aber Barmherzigkeit empfangen habt“ (1Petr 2,10).

Im Buch der Offenbarung erhält der Mensch einen Einblick in das himmlische Dasein: „Nach diesem hörte ich etwas wie eine laute Stimme einer großen Volksmenge im Himmel, die sprachen: Halleluja! Das Heil und die Herrlichkeit und die Macht sind unseres Gottes!“ (Offb 1.19).

Nach den Ausführungen der Bibel wird es ein ewiges Reich geben, in dem die Macht und Herrlichkeit Gottes im Mittelpunkt stehen und in dem *ewige Glückseligkeit und Friede* unter der *Autorität des allmächtigen Gottes* herrschen werden (vgl. die Berg-

[316] Elberfelder Studienbibel, Sprachschlüssel NT Nr. 1641, „eleutheria“, 1933.
[317] Karl Rahner, *Sämtliche Werke,* 41.

predigt Jesu in Mt 5 und Offb 20,6). „Denn in Wirklichkeit ist nur frei, wer Gott allein als Führer hat.“[318]

Echte Freiheit und beständige Lebensfreude werden in einer bewussten Abkehr von einer unfreien Welt, durch eine bewusste, vertrauensvolle Hinwendung zu einem in sich freien und guten Gott möglich: dem dreieinigen Gott.

[318] Otto Kaiser, *Des Menschen Glück und Gottes Gerechtigkeit,* 219.

6 Die (post-)moderne Freiheit und ihre Folgen

6.1 Soziologische Veränderungen – die Individualisierung

Die Gesellschaft des 20. Jh.s ist eine auf das Individuum ausgerichtete Gesellschaft. Indikatoren hierfür sind ein stärker werdender Pluralismus in den verschiedenen kulturellen Ebenen und eine zunehmende Psychologisierung.[319]

Im eher statischen Mittelalter herrschte das christliche Weltbild, das vom Denken und Handeln der Dichter, Philosophen und Aktenschreiber des vorgegebenen kirchlich-absolutistischen Systems geprägt war. Auf der Grundlage christlicher Normen leiteten sich gesellschaftliche Werte ab. Es gab ein festes Gefüge und einen Dreh- und Angelpunkt, um den sich das Leben drehen musste.

Die Epoche der Aufklärung, die eine Welle innerer und äußerer gesellschaftlicher Revolutionen auslöste, brachte der europäischen Gesellschaft eine neue denkerische und ökonomische Freiheit. Diese neue Freiheit hinterfragte nicht nur die alten Werte und die damit verbundenen Traditionen, sondern ermöglichte und formulierte neue lebenswerte Grundlagen, die in den verschiedenen Lebensbereichen sehr individuell waren.

Die Werte und auch das Denken des moderner werdenden Menschen wurden nicht mehr nur von christlichen Vorbildern geprägt, sondern von verschiedensten ideologischen Richtungen und wissenschaftlichen Erkenntnissen, die aus einem neuen aufgeklärten humanistischen und individualisierten Selbstbewusstsein heraus ihre Entwicklung und Verbreitung fanden. Die Veränderungen vollzogen sich in einem kontinuierlichen Prozess in den verschiedenen Lebensbereichen: Religion, Erziehung, Beruf, Ehe etc. Das Denken zu Beginn des 20. Jh.s war einerseits von christlichen Traditionen geprägt, andererseits wurden sie jedoch innerhalb der Gesellschaft nicht mehr gemeinsam öffentlich gelebt. Sie hatten ihre gesellschaftlich immanente Selbstverständlichkeit und Lebendigkeit verloren.[320]

Zu Beginn des 20. Jh.s wurde deutlich, wie sehr diese Veränderungen die Kultur in ihrem Wesen durchdrungen hatten und wie sehr sich „Vergangenheit und Zukunft die Gegenwart streitig machten."[321] Waren die alten kirchlichen Werte in Verbindung mit ihren Traditionen für den mittelalterlichen Menschen ein eher unfreiwilli-

---

[319] Ute Frevert, Heinz-Gerhard Haupt (Hrsg.), *Der Mensch des 20. Jahrhunderts,* 18.

[320] August Sander, *Menschen des 20. Jahrhunderts, Studienband*, herausgegeben von der Photographischen Sammlung /SK Stiftung Kultur, Köln, 2001, 12.

[321] August Sander, *Menschen des 20. Jahrhunderts, Studienband*, 12.

ges und normatives Muss, das ihn klein und kollektiv unselbständig hielt, so war der modern aufgeklärte Mensch nun endlich in seiner persönlichen Eigenständigkeit gefestigt und ökonomisch in der Lage sich *vollkommenen* davon loszusagen. Das gesellschaftliche Denken des 20. Jh.s „gipfelte im Begriff Mensch“[322]. Die breite Masse fing an das kulturelle Leben zu beeinflussen, die Politik zu prägen und am Konsum teilzunehmen. Die neue Gesellschaft wurde nicht mehr in alte herkunftsbezogene „Klassen- oder Schichtschemata“ unterteilt, sondern individuelle Berufsgruppen wurden zum Unterscheidungsmerkmal der neuen „Massenkultur“.[323]
Innerhalb dieser Masse formten sich, entsprechend individueller Entfaltungsmöglichkeiten und –vorstellungen die unterschiedlichsten „sozialen Typen“[324]. Diese wurden zu spezifischen Werteträgern.
Sichtbar wurde die Individualisierung auch in der Psychologisierung der Gesellschaft. Die Wissenschaft der Psychologie beschäftigt sich mit der Seele des Menschen. In den vorangegangenen Jahrhunderten wurde dieses Lehrgebiet auch Pneumatik, Geisterlehre oder Animastik genannt.[325] Erst im 19. Jh. konzentrierte sie sich auf den einzelnen Menschen und seine persönlichen Gefühle, Bedürfnisse und Verhaltensweisen. Der menschliche Geist bzw. die menschliche Vernunft wurden zum Ausgangspunkt der Erkenntnis über Weisheit und Gesetzmäßigkeiten.[326]
Die Psychologie entwickelte sich zu einem großen, eigenständigen Wissenschaftszweig mit zahlreichen Anwendungen und Untergruppen. Jeder Mensch wurde in seiner Entwicklung, seinem Verhalten, seinem Denken und Fühlen, als einzigartiges Individuum angesehen. Alfred Adler (1870-1937) fasste diesen Ansatz in der Individualpsychologie zusammen. Im Kern geht er von einem humanistischen Menschenbild aus. Seelische Ungleichgewichte oder zerstörerische Verhaltensweisen gegen sich selbst müssen ihre Ursache in zurückliegenden Beziehungen, Erziehungsmaßnahmen oder sonstigen Umständen haben. Um die Seele in ihrer Tiefe zu ergründen, etablierte die Tiefenpsychologie diverse Therapien. Traumdeutungen, Generationsgeschichten und Familienaufstellungen, sowie Hypnosetherapien sollen die Ursachen für das seelische Leiden im Unterbewussten erklären. Im Bewusstsein über das Un-

[322] Christian Bermes, Ulrich Dierse (Hrsg.), *Schlüsselbegriffe der Philosophie des 20. Jahrhunderts*, Hamburg: Felix Meiner Verlag 2010, 249.
[323] Ute Frevert, Heinz-Gerhard Haupt (Hrsg.), *Der Mensch des 20. Jahrhunderts*, 14.
[324] Ute Frevert, Heinz-Gerhard Haupt (Hrsg.), *Der Mensch des 20. Jahrhunderts*, 10.
[325] Nicole Langer, *Psychologie*, München: Compact Verlag, 2006, 10.
[326] Nicole Langer, *Psychologie*, 14.

bewusste soll der Mensch sich kennen lernen. In dieser Erkenntnis, der Begegnung mit sich selbst, kann eine Annahme seiner selbst erfolgen.[327]
In der Entwicklung dieser auf den Menschen ausgerichteten Wissenschaft, wird der Versuch unternommen, die seelischen Bedürfnisse zu ergründen und zu stillen. Denn jeder Mensch trägt eine tiefe Sehnsucht nach Anerkennung, einem persönlichen Erkannt- und Geliebtwerden in sich. Die Psychologie versucht „den Raum zu ermessen, der sich zwischen Trost und Trostlosigkeit auftut"[328]. Sie sucht jedoch nach dem Trost im Menschen selbst. Der Mensch soll sich selbst annehmen und lieben. Ich bin der Ansicht, dass ein Mensch sich nicht wirklich selbst annehmen und lieben kann. Dieses Erkanntwerden kann nur durch ein Gegenüber erfolgen, wie in einem Spiegel, in dem man sich selbst anschauen kann und der eine „tiefere Gabe seiner selbst ermöglicht"[329].
Die zunehmende Aufspaltung der Gesellschaft und die Konzentration auf die Subjektivität des Einzelnen verdeutlichen, dass die Gesellschaft bzw. der Einzelne den wirklichen Sinn des Lebens trotz persönlicher Freiheit seiner Vernunft noch nicht gefunden hat. Die Annahme, eine persönliche Glückseligkeit und Zufriedenheit durch freiheitliche und unabhängige Selbstbestimmung zu finden, scheint sich nicht bewahrheitet zu haben. Die weiteren Ausführungen zeigen, dass durch die Individualisierung das menschliche Miteinander und die Entwicklung einer persönlichen Identität zu einer fast unmöglichen Herausforderung geworden sind.
Zum gesellschaftlichen Dreh- und Angelpunkt wurde über eine Entwicklungsspanne von mehr als 300 Jahren der einzelne Mensch mit seinen individuellen Bedürfnissen und Wünschen.

6.2 Die sozialen Typen und ihr Einfluss auf die Kultur

In der Soziologie werden folgende sozialen Berufsgruppen für die Entwicklung des 20. Jh.s betrachtet: Arbeiter, Hausfrau, Star, Sportler, Journalist, Wissenschaftler und Intellektuelle. Daneben werden weitere soziale Gruppierungen betrachtet: Jugendliche, Rentnerinnen und Rentner, Funktionäre, Touristen, Konsumenten, Menschen im

---

[327] Nicole Langer, *Psychologie*, 17.105.110.
Ähnliche Ausführungen, die das Thema „Humanistische Psychotherapie" befürworten, finden sich im Psychotherapeutenjournal, Ausgabe 4/2011, Seite 329-416, Heidelberg, Medhochzwei Verlag GmbH, 15.12.2011, 334.
[328] Thomas Philipp, *Wie heute glauben?*, 65.
[329] Thomas Philipp, *Wie heute glauben?*, 67.

therapeutischen Netz und Soldaten.[330] Diese Aufteilung verdeutlicht, dass die Gesellschaft in ihrer Pluralität vielschichtiger und soziologisch komplexer geworden ist. Eine nähere Betrachtung aller Gruppen würde den Rahmen dieser Arbeit sprengen. Deshalb werden im Folgenden beispielhaft nur der Star, der Wissenschaftler und der Intellektuelle auf ihre gesellschaftliche Bedeutung hin näher betrachtet. Sie wurden zu prägenden Vorbildern der Gesellschaft. Ihre Werte wurden und sind für viele maßgebend.[331]

Der Star „ist jener Sozialtypus, der durch eine geschickte Vermarktung bestimmten Bedürfnissen nach Identifikation dem Publikum entgegenkommt und diesem zu entsprechen sucht"[332]. Verehrt werden Rockstars, Fußballstars oder auch Schauspieler. Dies lässt den Schluss zu, dass der Mensch trotz seiner endlich erreichten Selbständigkeit ein Gegenüber braucht, durch welches er sich identifizieren kann. Der Mensch kann sich nur in einem Spiegel betrachten. Ebenso verhält es sich mit seiner Seele. Sie braucht einen Spiegel, ein Gegenüber, in dem sie sich erkennt, wahrnimmt und lebendig fühlt. Der Star wird zu einem Gott, dem man ähneln möchte, der angehimmelt wird und von dem man persönlich wahrgenommen und, vielleicht durch ein persönliches Autogramm, *gesegnet* werden möchte. Aktuelle Medienereignisse verschiedener privater Fernsehsender wie der Sängerwettbewerb „Deutschland sucht den Superstar"[333] oder der Modelwettbewerb „Germanys next Topmodel"[334] bieten diesem Bedürfnis einen besonderen Raum. Der Einzelne erhält nicht nur die Möglichkeit, einen Star zu haben, sondern auch selber einer zu werden.

Der Mensch begibt sich darin freiwillig in eine persönliche Abhängigkeit. Er lässt sich von vorherrschenden Trends in seiner Wertigkeit führen und steuern: aussehen wie ein Star, gekleidet sein und talentiert sein wie ein Star. Dadurch wird er vielleicht selbst, wenn auch nur für kurze Zeit, bewundert.

Die Tendenz der Seele zur Abhängigkeit wird auch an folgendem Beispiel sichtbar: Galt Völlerei im Mittelalter noch als Todsünde, so hat der Mensch sich dahingehend befreit. Der übermäßige Genuss von gutem Essen und Alkohol führte zu diversen Krankheiten. Der Mensch sollte auf gesundes Essen achten, um sich an der Schöpfung, sich selbst und damit gegenüber dem Schöpfer nicht zu versündigen. Der auf-

---

[330] Ute Frevert, Heinz-Gerhard Haupt (Hrsg.), *Der Mensch des 20. Jahrhunderts,* 7.8.

[331] Vgl. auch Paul Nolte, *Die Ordnung der deutschen Gesellschaft: Selbstentwurf und Selbstbeschreibung im 20. Jahrhundert,* München: C.H. Beck Verlag, 2000, 65.215.

[332] Ute Frevert, Heinz-Gerhard Haupt (Hrsg.), *Der Mensch des 20. Jahrhunderts,* 14.

[333] http://www.rtl.de/cms/sendungen/superstar.html, 11.09.2011.

[334] http://www.prosieben.de/tv/germanys-next-topmodel/, 11.09.2011.

geklärte und moderne Mensch im 20. Jh. würde Völlerei nicht mehr als Sünde gegen Gott ansehen. Jedoch kann in diversen Zeitschriften allgemein im Frühling eine Diät- und Abnehmkampagne wahrgenommen werden. Der Einzelne versucht den so genannten Winterspeck herunter zu bekommen, um eine gute Figur im sommerlichen Outfit abzugeben, damit er bei bestimmen Modetrends mithalten kann. Der Mensch vergöttert sich nicht nur selbst, sondern er möchte von anderen Menschen bewundert werden. Besonders drastisch zeigt sich diese Abhängigkeit an den zunehmenden Essstörungsfällen unter Jugendlichen. Die Deutsche Gesellschaft für Ernährung veröffentlichte bereits 2002 einen warnenden Artikel zu diesem Thema. Darin wird dargelegt, dass schätzungsweise 15 Prozent der Jugendlichen und jungen Frauen an Essstörungen leiden.[335] In 2011 lag der Prozentsatz bereits bei 30 Prozent.[336]

Der Mensch mag eine Freiheit gegenüber Gott gefunden haben. Dennoch scheint er ein geeignetes Maß nicht (immer) zu finden. Er ist anderweitig abhängig geworden: Abhängig von sich selbst, von seinem Aussehen, seinem Status bei anderen. Hat er gegenüber Gott kein schlechtes Gewissen, so gegenüber sich selbst oder einem Dritten. Darin wird echte Unfreiheit sichtbar, die bis zur persönlichen Zerstörung führen kann.

Die Wissenschaftler[337] werden zur zweiten Einfluss nehmenden sozialen Gruppe des 20. Jh.s. Für den Wissenschaftler ist die Forschung charakteristisch. Sein methodisches Vorgehen verspricht eine Verlässlichkeit bei Problemlösungen. Er steht für Professionalität. Der sichtbare technische Fortschritt in Physik, Chemie, Biologie und der Medizin lassen ihn zum Spezialisten werden, der jegliche menschliche Probleme oder Sorgen zu lösen vermag.[338]

Gesundheit und individuelles Wohlbefinden entwickelten sich zu „gesellschaftlichen Leitideen“[339], denen die Wissenschaft dient. Große Entdeckungen im Energiebereich, in der Biochemie und der Molekularbiologie, wie z. B. die Entwicklung des „Antibiotikums“[340] oder die Entdeckung des menschlichen genetischen Codes „DNS“[341],

---

[335] http://www.dge.de/modules.php?name=News&file=article&sid=308, 12.09.2011.

[336] http://de.statista.com/statistik/daten/studie/937/umfrage/essstoerungen-bei-maedchen/, 20.12.2011.

[337] Erst seit dem 19. Jh. gibt es Wissenschaftler im modernen Sinn dieses Begriffs. Endgültig setzte er sich im frühen 20. Jh. durch, nachzulesen bei: Ute Frevert, Heinz-Gerhard Haupt (Hrsg.), *Der Mensch des 20. Jahrhunderts*, 163.

[338] Ute Frevert, Heinz-Gerhard Haupt (Hrsg.), *Der Mensch des 20. Jahrhunderts*, 166.167.

[339] Ute Frevert, Heinz-Gerhard Haupt (Hrsg.), *Der Mensch des 20. Jahrhunderts*, 180.

[340] Das Antibiotikum wurde in der ersten Hälfte es 20. Jh.s entwickelt, nachzulesen bei, http://gesundheitsnews.imedo.de/news/101445-penizillin-wird-80-jahre-ein-segen-fur-die-menschheit, 13.09.2011.

gaben der Gesellschaft das Gefühl von Sicherheit und einer Hoffnung, das Leben in Gänze erfassen und kontrollieren zu können.[342] Selbst für den selbstgesteuerten Kinderwunsch oder Leben verlängernde Maßnahmen bietet die Wissenschaft Möglichkeiten, die der Natur trotzen sollen.

Über die Ausbildung der Lehrer im 19. und 20. Jh. fand das wissenschaftliche Denken über den öffentlichen Bildungsweg einen Zugang zur breiten Öffentlichkeit. Darüber hinaus fanden die wissenschaftlichen Erkenntnisse durch die neuen Massenmedien, gestützt von Fachjournalisten, eine schnelle Verbreitung. Vor allem das Fernsehen wurde zu einem den Zeitgeist prägenden Bildungsmedium.[343]

Die Wissenschaft prägte und prägt das Denken der Menschen und somit die Kultur des 20. Jh.s durch zahlreiche Disziplinen entscheidend mit.

Zahlreiche wissenschaftliche Entdeckungen sind für die Gesellschaft sicherlich ein Segen bringender Gewinn. Jedoch wurde auch die Wissenschaft zu einem neuen modernen Götzen. Der Glaube, die wissenschaftliche Forschung könne jedes menschliche Lebensproblem lösen, führte die Menschen in eine neue Abhängigkeit hinein: in den Glauben, die professionelle Wissenschaft und damit der Mensch selbst könne für jedes Problem eine Lösung finden.

Tatsächlich hat die Wissenschaft bspw. bis heute kein heilendes Mittel gegen die Immunerkrankung „AIDS“[344] gefunden und auch die Krebsforschung wird, was zahlreiche Todesfälle zeigen, mit ihren Grenzen konfrontiert.[345]

Der Mensch fühlte sich ein Stück freier und sicherer. Diese Freiheit und Sicherheit stehen jedoch in Abhängigkeit zu seinen eigenen, begrenzten Erkenntnissen.

Die Erkenntnisse der Aufklärung und die folgenden Veränderungen in der Staatsform zu einem bürgerlich-demokratischen Staats- und Gesellschaftsleben führten zur Abnahme der Handarbeit. Im Gegenzug gewann das Arbeiten mit dem Kopf an Bedeutung. Parallel zur Wissenschaft entwickelte sich die „demokratische Ideologie von der Selbstbestimmung des Menschen oder – besonders in Deutschland – jene der Selbstformung des Menschen zu einer rundum gebildeten Persönlichkeit“[346]. Die Gesamtheit dieser neuen Kopfarbeit wird in der Gruppe der Intellektuellen zusam-

---

[341] „DNS“: Das Biomolekül „Desoxyribonuklensäure“, wurde als Träger von Erbinformationen entdeckt. Hierzu erschien 1953 ein erster Artikel, nachzulesen bei: http://www.stern.de/wissen/natur/50-jahre-entdeckung-der-dna-die-entdecker-des-molekuels-504439.html, 13.09.2011.

[342] Ute Frevert, Heinz-Gerhard Haupt (Hrsg.), *Der Mensch des 20. Jahrhunderts*, 182.

[343] Thomas Petersen, Tilman Mayer, *Der Wert der Freiheit, Deutschland vor einem neuen Wertewandel,* Freiburg im Breisgau: Herder Verlag, 2005, 42.72.

[344] http://www.aidshilfe.de/de/infothek/hiv-zahlen, 12.09.2011.

[345] http://www.krebshilfe.de/ueber-krebs.html, 13.09.2011.

[346] Ute Frevert, Heinz-Gerhard Haupt (Hrsg.), *Der Mensch des 20. Jahrhunderts*, 215.

mengefasst. Hierzu zählen soziologisch betrachtet Schriftsteller, Wissenschaftler, Journalisten und Politiker. Das aktive Feld der intellektuellen Akteure spannte sich über die gesamte Gesellschaft.[347] Sie nahmen die Aufgabe wahr, „über ihr eigenes Selbstverständnis zu reflektieren und über Geist und Tat nachzudenken, sowie weiterzudenken“[348].

Die Entwicklung der Ich-Bezogenheit und der *Selbst*reflexion, die Suche nach dem Ich im Ich selbst, führten dazu, dass der Mensch nur noch seinen Erkenntnissen vertraute. Der moderne individualisierte Mensch hat seinen eigenen Gott in sich und durch sich selbst konstruiert.

Der Soziologe Ulrich Beck vergleicht die Entwicklung des 18. und 19. Jh.s mit einem Freiheitskampf. Der Einzelne „ringt um das eigene Leben und den eigenen Raum“[349]. In diesem Ringen geht es um Selbstkontrolle, das Ablegen von äußeren und inneren Zwängen. Doch darin, so der Soziologe, musste der Mensch zu Beginn des 20. Jh.s erkennen, dass er kein Individuum ist, er braucht mehrere Identitäten in sich. Deshalb kreierte der Mensch seinen eigenen Gott. Er braucht ein Gegenüber.[350] Dieses Gegenüber fand der Einzelne in den beschriebenen sozialen Typen und/oder in der Erschaffung eines inneren eigenen Gottes.

Hier wird ein Freiheitsparadoxon deutlich: Der Mensch sucht stets eine gewisse Form der Abhängigkeit, die ihm Sicherheit und Identität gibt. Er braucht für sein Denken und Handeln einen Halt. Er sehnt sich danach in seinem Denken und Handeln erkannt und akzeptiert zu werden. Wäre der Mensch aus sich heraus tatsächlich frei und unabhängig bräuchte er diese identifizierende Legitimation seines Selbst nicht. Gerade in der Suche, der bewussten gesellschaftlichen Demonstration und der Forderung nach Anerkennung neuer Werte, wird sichtbar, dass der Mensch sich nach Legitimation von außen sehnt und damit nicht als wirklich persönlich frei zu bewerten ist.

Die Werte werden jedoch nicht mehr als „überzeitliche Ideen angesehen, sondern als Funktionen des Lebens selbst“[351]. Der Mensch formt seine Werte so, wie es seinen

[347] Tom Bräuer, *Intellektuelle zwischen Kultur und Politik: Rollen und Funktionen im Nachkriegsdeutschland von 1945-1949*, 1. Auflage 2008, Norderstedt: Grin Verlag, Books on Demand GmbH, 2008, 6.

[348] Tom Bräuer, *Intellektuelle zwischen Kultur und Politik: Rollen und Funktionen im Nachkriegsdeutschland von 1945-1949*, 6.

[349] Ulrich Beck, *Der eigene Gott, Friedensfähigkeit und Gewaltpotential der Religionen*, Frankfurt am Main: Verlag der Weltreligionen, 2008, 29.

[350] Ulrich Beck, *Der eigene Gott, Friedensfähigkeit und Gewaltpotential der Religionen*, 29.

[351] Christian Bermes, Ulrich Dierse (Hrsg.), *Schlüsselbegriffe der Philosophie des 20. Jahrhunderts*, 191.

Bedürfnissen und Wünschen entspricht. Die Religion bzw. der Glaube ist lediglich eine Option.

Tatsächlich hat sich in Deutschland ein Wertewandel vollzogen, wie er von Soziologen in keinem anderen westlichen Land festgestellt wurde. In den späten 60er und frühen 70er Jahren des 20. Jh.s gab es einen „Wertewandelschub“[352]. Die Einstellungen zu Religion, Politik, Moral, dem Umgang mit anderen Menschen und die Einstellungen zur Sexualität veränderten sich. Die neue junge Generation hatte die christlichen Werte und Tugenden größtenteils abgelegt. Der Wertewandel vollzog sich so rasch, dass die Soziologie von einer „Generationenkluft“[353] spricht.

Der Verlust der alten christlichen Werte führte jedoch dazu, dass die Gesellschaft ohne „Boden unter den Füßen zu leben, ohne Recht, ohne Freiheit, ohne Sicherheit“[354] existieren muss. Zahlreiche politische und ideologische Bewegungen keimten und keimen immer wieder auf und versprechen neue Sicherheit und Perspektiven zu geben. Diese Perspektiven dienen jedoch stets der Befriedigung menschlicher Bedürfnisse und führen in weitere Unzufriedenheiten und Unsicherheiten hinein.

An den Studentenrevolten Ende der 60er Jahre, die das gegebene Establishment der Intellektuellen zu stürzen versuchten, wurde deutlich, in welcher geistigen Unsicherheit sich die Gesellschaft zu diesem Zeitpunkt bereits befand. Die Studentenrevolte „riss weg, was in der Gesellschaft ohnehin keine feste Grundlage mehr besaß – oder zu besitzen schien.“[355] Sie ist keine Avantgarde, sondern lediglich eine natürliche Erscheinung des herrschenden Zeitgeistes. Spätestens hier wurde die „Auflösung überkommener Bindungen an Kultur und Bildung, in Moral, Sittlichkeit und Erotik, in Ehe und Familie und nicht zuletzt im Blick auf die christlichen Prägung der Gesellschaft“[356] deutlich.

Gefordert und gelebt wurde eine nur auf das Individuum ausgerichtete persönliche Emanzipation. Besonders deutlich tritt diese Emanzipation der „sexuellen Revolution“[357] der 60er Jahre zu Tage. Sie führte dazu, dass auch die Jugendlichen in stärkerem Maße als vorher sexuell aktiv wurden. Die Pille beugte der Gefahr ungewollt schwanger zu werden vor und schwächte die Bedeutung der Jungfräulichkeit für die

---

[352] Thomas Petersen, Tilmann Mayer, *Der Wert der Freiheit*, 24.26.

[353] Thomas Petersen, Tilmann Mayer, *Der Wert der Freiheit*, 24.25.

[354] Ute Frevert, Heinz-Gerhard Haupt (Hrsg.), *Der Mensch des 20. Jahrhunderts*, 11.

[355] Martin Greschat, *Der Protestantismus in der Bundesrepublik Deutschland (1945-2005)*, Kirchengeschichte in Einzeldarstellung IV/2, herausgegeben von Joachim Gäbler und Johannes Schilling, Leipzig: Evangelische Verlagsanstalt, 2010, 114.

[356] Martin Greschat, *Der Protestantismus in der Bundesrepublik Deutschland (1945-2005)*, 114.

[357] Ute Frevert, Heinz-Gerhard Haupt (Hrsg.), *Der Mensch des 20. Jahrhunderts*, 242.

Eheschließung.[358] Die Ehe als Institution spielte soziologisch betrachtet ebenfalls keine Rolle mehr.[359] Die Soziologie spricht von einem gänzlich neuen „Zeitgeist“[360]. Zieht man am Ende des 20. Jh.s ein postmodernes Resümee über die neuen Errungenschaften, so muss festgestellt werden, dass die neuen Möglichkeiten des technisch scheinbar unaufhaltsamen Fortschritts, bis hin zur individuellen persönlichen Entscheidung, nicht in eine echte Freiheit, sondern in eine andere Form der Gebundenheit hineingeführt haben:

Die Schrecknisse des zweiten Weltkrieges mit ihren Massenvernichtungswaffen, die Atombombe, der Ost-West-Konflikt, die Katastrophe von Tschernobyl, neue Krankheiten und zunehmende Ökologieprobleme lassen den Menschen an der „technisch-naturwissenschaftlichen Intelligenz“[361] aber auch an den unbegrenzten Möglichkeiten der Menschen zunehmend zweifeln.

Stars kommen und gehen und die Prognosen der Intellektuellen haben sich auch nicht bewahrheitet. Zukunftsfragen und die Angst, keine sichere Zukunft zu haben, wurden zu gesellschaftlichen Hauptthemen der neuen Generation in der zweiten Hälfte des 20. Jh.s bis in die Gegenwart hinein. [362] Gegenwärtige Katastrophen, bspw. die Tsunami Katastrophe in Japan[363], sowie die Hungersnot am Horn von Afrika[364] zeigen dem Menschen mehr denn je seine eigenen schöpferischen Grenzen auf. Es scheint, als habe zurzeit niemand eine wirkliche Antwort auf die Geschehnisse dieser Zeit.

Die Soziologen und Psychologen zogen am Ende des 20. Jh.s folgendes Fazit über die herangewachsene, ihren eigenen Werten folgende Generation:

> „Mit dem Verlust klarer Verhaltensnormen und sozialer Zuordnungen nahmen die Chancen der Individualisierung ebenso zu wie das Gefühl des einzelnen, die entstehende Vielfalt psychisch nicht meistern zu können.(...) Die Psychoanalyse, die sich den Folgekosten der Individualisierung widmet, versucht die Unsicherheit des Menschen zu bearbeiten und sie dabei auch von Verantwortung zu entlasten.“[365]

---

358 Ute Frevert, Heinz-Gerhard Haupt (Hrsg.), *Der Mensch des 20. Jahrhunderts*, 242.243.

359 Thomas Petersen, Tilmann Mayer, *Der Wert der Freiheit*, 24.

360 Thomas Petersen, Tilmann Mayer, *Der Wert der Freiheit*, 24.

361 Christian Bermes, Ulrich Dierse (Hrsg.), *Schlüsselbegriffe der Philosophie des 20. Jahrhunderts*, 442.

362 Christian Bermes, Ulrich Dierse (Hrsg.), *Schlüsselbegriffe der Philosophie des 20. Jahrhunderts*, 442.443.

363 http://www.faz.net/s/RubB08CD9E6B08746679EDCF370F87A4512/Doc~E094F16015DB24ABF8EDB3D7300729106~ATpl~Ecommon~SMed.html, 12.09.2011.

364 http://www.faz.net/artikel/C31325/humanitaere-hilfe-vom-geld-kommt-kaum-etwas-an-30475069.html, 12.09.2011.

365 Ute Frevert, Heinz-Gerhard Haupt (Hrsg.), *Der Mensch des 20. Jahrhunderts*, 18.19.

Der Schwerpunkt des Glücks und der Freiheit wurde in der persönlichen Entfaltung des individuellen menschlichen Seins mit seinen Wünschen und Bedürfnissen gesehen.[366] Der Mensch ist in seinen persönlichen Entscheidungen noch nie so frei gewesen, wie in der Gesellschaft des 20. Jh.s, und dennoch zeigte sich, dass er dieser ganz auf sich selbst gestellten und konzentrierten Verantwortungsfreiheit nicht gewachsen war und ist. Ein neues Sicherheitsbedürfnis wurde spürbar.[367] Das Individuum hat „im Suchen nach Identität keine entsprechende, deutende Antwort, kein Weggeleit"[368] gefunden.

Das lässt den Schluss zu, dass der Mensch nicht für die Individualität seines Seins geschaffen wurde. Er wurde geschaffen in einer Einzigartigkeit, jedoch für das Leben in Einheit und Gemeinschaft mit seinem Schöpfer. Sein Freiheitstreben hat seine „Integrität dauerhaft beschädigt". Die Befreiung aus den mittelalterlichen Doktrinen, die wie ein einengendes, zwanghaftes, geistiges Korsett empfunden wurden, hat nicht nur zu einer Loslösung von der sicherlich erneuerungsbedürftigen Kirche geführt, sondern leider auch zu dem Verlust einer lebensnotwendigen Verbindung zu Gott durch die Identität in Christus (vgl. auch Gal 6,24.25).[369]

Der Mensch glaubte aus sich selbst heraus existieren, leben und sich weiter entwickeln zu können. Jedoch bleibt er in seinem Wissen, seinen Erkenntnissen und letztlich in seinem Leben begrenzt.

Die vorangegangenen Ausführungen haben gezeigt, dass die aufgeklärten Intellektuellen, ob Wissenschaftler, moderne Philosophen oder Soziologen annahmen, dass die Religion verschwinden würde, wenn die eklatante Armut der Welt überwunden, die Ausbildung universal und für alle zugänglich geworden wäre, soziale Ungleichheiten abgebaut worden wären und es letztlich keine politische Unterdrückung mehr geben würde. Religiosität oder Gläubigkeit wären dann lediglich eine direkte persönliche Abhängigkeit zum individuellen Gewissen. Doch wie die weiteren Ausführungen zeigen, erfährt das Religiöse und die darin enthaltene Transzendenz eine neue Renaissance in Deutschland. Denn der Mensch ist nicht wirklich freier geworden. Er ist nur anders *freiwillig* abhängig geworden. Er sucht mehr denn je nach einem tragbaren Lebenssinn, der Hoffnung und Leben schenkt.

---

366 Dies bestätigt ebenfalls eine repräsentative Umfrage in Deutschland 2003, nachzulesen bei: Thomas Petersen, Tilmann Mayer, *Der Wert der Freiheit*, 47.

367 Vgl. auch das abgedruckte Umfrageergebnis bei Thomas Petersen, Tilmann Mayer, *Der Wert der Freiheit*, 47.

368 Thomas Philipp, *Wie heute glauben?*, 9.

369 Thomas Philipp, *Wie heute glauben?*, 58.

6.3 Gegenwärtige gesellschaftliche Ausgangslage

Im Aufbruch der Moderne, der Sehnsucht nach neuer Freiheit und damit verbundenem Glück, wurde in ihren Anfängen häufig mit einem Verfall von alten Traditionen und Gebräuchen gesehen. Diese Pauschalisierung macht m. E. einen Mangel an Unterscheidungsvermögen deutlich. Aufklärung, Säkularisierung und stets besser werdende Lebensverhältnisse führten dazu, dass die Menschen ihren Glauben an ein besseres *Jenseits* verloren. Die neue Freiheit in der Privatsphäre, die durch zahlreiche Tabuverletzungen und Pioniertaten geprägt waren, führte schließlich zu einer Gesellschaft, die als reine „Spaßgesellschaft"[370] betitelt wird.

Das Leben, das zeitlich auf dieser Erde als begrenzt gesehen wurde, sollte mangels größerer Perspektiven wenigstens in vollen Zügen genossen werden.
Die Moderne brachte einen Wohlstand mit sich, indem es keine wirklichen Entbehrungen mehr gibt. Der Mensch ist in seiner persönlichen Entwicklung nie freier gewesen. Technische und naturwissenschaftliche Fortschritte wurden zum Selbstverständnis.
Dahinter verbergen sich jedoch keine wirklichen, den Menschen herausfordernden Ziele mehr. Überspitzt könnte man sagen, das Leben ist gleichförmig und langweilig geworden. Wenn scheinbar alles möglich ist, welchen Sinn hat das menschliche Leben dann noch. Die Freiheit ist in eine Krise geraten.[371]
Das menschliche Sein wird trotz der unendlich scheinenden Möglichkeiten begrenzt: das Leben umfasst nur eine bestimmte Länge und eine bestimmte Kraft. Diese natürliche Grenze bleibt, sie konnte aus menschlicher Sicht nur bedingt verschoben werden: Lebensverlängernde Maßnahmen werden gegenwärtig kontrovers diskutiert, da sie häufig ein Leiden verbunden mit hohen Kosten lediglich verlängern, statt dem Leben einen glücklichen Mehrwert zu geben.[372]
Gleichzeitig haben trotz fortgeschrittener wissenschaftlicher Erkenntnisse in allen Lebensbereichen, so auch auf dem Gebiet der Medizin, Krankheiten zugenommen. Das Statistische Bundesamt stellte fest, dass niemals zuvor die Gesundheit einen so hohen Stellenwert hatte wie heute. Das Auftreten neuer Krankheiten, ein zunehmen-

---

[370] Gerhard Schulz, *Die Sünde. Das schöne Leben und seine Feinde,* 15.
[371] Ulrike Ackermann (Hrsg.) *Freiheit in der Krise,* 7.
[372] http://www.faz.net/artikel/C30923/grundsatzurteil-bgh-staerkt-recht-auf-selbstbestimmtes-sterben-30279572.html, 13.09.2011.

des Gesundheitsbewusstsein in der Bevölkerung und Fragen der Finanzierbarkeit von Gesundheitsleistungen haben das Gesundheitswesen in den letzten Jahren zunehmend in den Mittelpunkt öffentlichen Interesses gerückt.[373]

Eine veröffentlichte Statistik vom August 2010 verdeutlichte, dass die Zahl der an erkrankten Menschen rapide angestiegen ist. Die Diagnose „Depression“, das heißt, seelische Traurigkeit, ist einer der größten Kostenverursacher in Deutschland.[374] Tatsächlich hat nachweislich die Wertschätzung der individuellen Freiheit und Selbstbestimmung kontinuierlich abgenommen. Der Mensch ist mit der Verantwortung für sein Leben überfordert.[375]

Die gegenwärtige Zeit ist geprägt von „Herzensstumpfheit, Traurigkeit und Verwirrung, Angst und Trockenheit“[376].

Die Bibel beschreibt die Lebendigkeit und Glückseligkeit des Menschen in einer Verbindung zur Kraft des Geistes (vgl. 1Mose 2; Mt 5,4.8.9). Der Lebensatem ist der Geist Gottes. Paulus beschrieb sechs Charaktereigenschaften und Tugenden als eine Folge des geistlichen Wirkens im Menschen: „Liebe“, „Freude“, „Friede“, „Geduld“, „Freundlichkeit“, „Güte“ (Gal 5,22). Diese sind demnach nicht natürlicherweise vorhanden, sondern eine positive Konsequenz von Gottes Wirken im Menschen. Sie stärken den Einzelnen, so dass er nicht von negativen Empfindungen zerstört wird. Die Selbstbezogenheit und Eigennützigkeit der Gegenwart, die Suche nach Ablenkung in oberflächlichen Bedürfnissen zeigen, dass die Kraft des Leben gebenden Geistes Gottes, des Heiligen Geistes, fehlt.

6.4 Die Rolle der Kirche am Ende des 20. Jahrhunderts

Die gesamte Kirche in Ihrer Bedeutung im 20. Jh. wird von Ratzinger wie folgt beschrieben:

> „Der eine Rock des Herrn ist zerrissen zwischen den streitenden Parteien, die eine Kirche auseinandergeteilt in die vielen Kirchen (...). Und so ist die Kirche für viele heute zum Haupthindernis des Glaubens geworden. Sie vermögen nur noch das menschliche Machtstreben, das kleinliche Theater derer in ihr zu sehen, die mit ihrer Behauptung, das amtliche Christentum zu verwal-

[373] http://www.destatis.de/jetspeed/portal/cms/Sites/destatis/Internet/DE/Content/Statistiken/Gesundheit/Aktuell.psml, 13.09.2011.

[374] http://www.finanznachrichten.de/nachrichten-2010-08/17662234-statistik-hohe-kosten-durch-demenz-und-depressionen-003.htm, 12.09.2011.

[375] Ulrike Ackermann (Hrsg.) *Freiheit in der Krise*, 7.

[376] Thomas Philipp, *Wie heute glauben?*, 65.

ten, dem wahren Geist des Christentums am meisten im Wege zu stehen scheinen."[377]

In einem Internetbericht der Deutschen Welle vom 20. Mai 2009 wurde allgemein über die Verbreitung des christlichen Glaubens in Deutschland berichtet. Es wurde dargelegt, dass sich seit der Beendigung des Zweiten Weltkrieges eine Trendwende vollzogen hat, die bis heute immer noch anhält. Die Einflüsse der beiden großen christlichen Konfessionen in Deutschland, den Katholiken und Protestanten, sind zurückgegangen. Dies zeigt sich an den sinkenden Mitgliederzahlen und Kirchenaustritten. Bis in die 50er Jahre hinein waren nahezu 95 Prozent aller Bundesbürger einer Kirche zugehörig.[378]

Einer Konfession anzugehören, war Teil der kulturellen Tradition.

Die evangelische Kirche war Ausgangspunkt zahlreicher gesellschaftlicher Initiativen in Deutschland: Im Erziehungs- und Bildungssektor nahm sie großen Einfluss auf Kindergärten, Schulen und Bildungseinrichtungen. Der Religionsunterricht war eine Möglichkeit zur Vermittlung kirchlicher Lehren. Jedoch vollzog sich hier ein Wandel zu Beginn der 70er Jahre des 20. Jh.s. Der Mensch, seine Probleme und Bedürfnisse, wurden zum Ausgangspunkt des Religionsunterrichtes. Ebenso kann im Erwachsenenbildungsbereich eine ähnliche Trendwende aufgezeigt werden. Lagen hier die Schwerpunkte in der Hilfe zur Lebensbewältigung und im Erwachsenenkatechumenat, wurde das Angebot in seiner Entwicklung vielfältiger. Der Schwerpunkt war nicht mehr der Verkündigungsauftrag und ein christliches Daseinsverständnis, sondern ein breites Angebot neureligiöser und sektiererischer Strömungen und Lehren. Darüber hinaus nahmen die Kirchenzugehörigen an den zentralen Veranstaltungen des Gemeindelebens, wie dem Gottesdienst, nicht mehr teil. Der Durchschnittsbesuch sank auf sechs Prozent der Mitglieder.[379]

Es wird eine „innere Auszehrung der Volkskirche"[380] deutlich. Diese Auszehrung hat einen sinkenden gesellschaftlichen Einfluss zur Folge. Hier wird einerseits eine Auflösung der Kirche in die Gesellschaft hinein sichtbar und andererseits eine Verschmelzung mit der Gesellschaft deutlich, sowie deren neue humanistische Werte und Perspektiven. Gottes Wort nahm und nimmt keinen Raum mehr ein. Die Kirche

[377] Joseph Ratzinger, *Einführung in das Christentum*, 322.
[378] http://www.dw-world.de/dw/article/0,,4267141,00.html, Artikel vom 20.05.2009, 13.09.2011..
[379] Joachim Kilian, *Leben aus dem Glauben: CVJM-Spiritualität in der Volkskirche,* Inaugural-Dissertation der Evangelisch-Theologischen Fakultät der Friedrich-Alexander-Universität Erlangen-Nürnberg: Bayern Marketing und Service GmbH, 1997, 254.
[380] Joachim Kilian, *Leben aus dem Glauben,* 256.

verlor an Einfluss, sowohl christliche Mandatsträger als auch der Einfluss auf die öffentlichen Medien nahmen rapide ab.[381]

Die Kirche wird und ist nicht mehr gefragt. Sie gibt keine wirklichen Antworten auf die Lebensfragen. Sie hat damit ihren Status als Teil der kulturellen Normalität verloren. Hinzu kommen die Streitigkeiten theologischer Gruppierungen innerhalb der Volkskirche. Die Kirche findet in einer zunehmend nachchristlichen Gesellschaft lediglich durch die Felder Diakonie und Caritas eine „binnenweltliche Legitimation".[382]

Bis zur Wiedervereinigung stieg die Konfessionslosigkeit der Menschen in den alten Bundesländern bereits auf 11 Prozent der Bevölkerung an. Der Zusammenschluss mit der Deutschen Demokratischen Republik (DDR) führte zu einem rapiden Anstieg, da hier bereits 70 Prozent der Bevölkerung konfessionslos waren. Die Wiedervereinigung brachte einen großen Zuwachs bei den Konfessionslosen, deren Anteil 1990 in ganz Deutschland mehr als 22 Prozent betrug. Entsprechend sank bereits am Ende des 20. Jh.s der konfessionsgebundene Anteil auf unter zwei Drittel. Ein erhebliches Wachstum war dagegen bei der Gruppe der Muslime zu verzeichnen. In den 90er Jahren wurde diese bereits auf vier Prozent geschätzt. Das heißt, ca 3,5 Millionen Menschen. Diese Zahl ist nur zu schätzen, da es im Gegensatz zur formellen Mitgliedschaft in den christlichen Konfessionen darüber keine amtlichen Zahlen gibt.[383]

Der Spiegel drückte die Entwicklung über den Glauben in Deutschland bereits in einem früheren Artikel vom 23. Dezember 1996, passend zum christlichen Weihnachtsfest, wie folgt aus:

> „So ernüchternd für die Kirchen und Kirchgänger die früheren Zahlen schon waren, erst jetzt kam es zu einem Ergebnis, das in der Politik - etwa bei Wahlen oder wichtigen Parlamentsentscheiden - historisch genannt würde. Gott verlor die Mehrheit. Zum ersten Mal gibt es in Deutschland mehr Atheisten ("Ich glaube nicht, dass es Gott gibt") und Agnostiker ("Ich weiß nicht, ob es Gott gibt") als Gott-Gläubige."[384]

[381] Joachim Kilian, *Leben aus dem Glauben,* 257.258.

[382] Joachim Kilian, *Leben aus dem Glauben,* 257.

[383] http://www.dw-world.de/dw/article/0,,4267141,00.html, Artikel vom 20.05.2009, 13.09.2011..

[384] http://www.spiegel.de/spiegel/print/d-9140804.html, Artikel vom 23.12.1996, 12.09.2011. Insgesamt dreimal beauftragte der Spiegel das Bielefelder Emnid-Institut die Bundesbürger nach Gott fragen: 1967, 1992 und im November/Dezember 1996.

Die bekannt gewordenen Missbrauchsfälle in der katholischen Kirche im Jahr 2009/2010 führten zu einem weiteren Anstieg der Austritte.[385] Der aufkeimende Widerwille der Bevölkerung richtet sich „gegen die Heuchelei von Priestern, die sich beruflich vorwiegend damit beschäftigen, Schuldgefühle wegen `Sünden` zu wecken“[386].

Festzuhalten ist, dass die großen Kirchen an *Glaubwürdigkeit* und Einfluss in der Bevölkerung verloren haben. Im freikirchlichen Bereich gibt es kaum nennenswerte große Gemeinden. Verschiedene freikirchliche Richtungen haben sich zu einer Vereinigung zusammengeschlossen, der „Vereinigung evangelischer Freikirchen“[387]. Tendenziell nimmt die Zugehörigkeit der Menschen zu einer christlichen Konfession in Deutschland, ob katholisch, evangelisch oder freikirchlich jedoch eher ab. Die Kirche spielt im gesellschaftlichen Leben keine Rolle mehr, sie hat, um ehrlich zu sein, überhaupt keine tragende Bedeutung mehr. Darüber hinaus hat bei den Kirchenanhängern die Kernbotschaft des Christentums, das Evangelium, an Bedeutung verloren. Eine Emnid Studie offenbarte, dass für sieben Prozent der Gott-Gläubigen Jesus keine Bedeutung mehr hat. Für 38 Prozent ist er ein großer Mensch und ein Vorbild. Lediglich 54 Prozent der Gott-Gläubigen entschieden sich für die einzige Antwort, die dem christlichen Glauben entspricht: Gott hat seinen Sohn Jesus zu den Menschen gesandt, um sie zu erlösen. Jesus wurde von den Toten auferweckt, und der Mensch kann zu ihm beten. Für die Bundesbürger insgesamt ergibt sich: Lediglich jeder vierte, circa 26 Prozent, glaubt an Gott und an den Gottessohn. So klein ist die Minderheit der Deutschen, die sich zum christlichen Gott bekennen und - nimmt man es genau - Christen sind.[388] Die Kirche selbst scheint ihren übernatürlichen Glauben verloren zu haben. Sowohl die Kirche als auch das Evangelium Jesu Christi spielen im gesellschaftlichen Leben keine Rolle mehr.

---

[385] http://www.fr-online.de/politik/verlorene-schafe/-/1472596/3056752/-/index.html, Frankfurter Rundschau, Artikel vom 24.04.2010, 30.06.2011.
Ebenso: http://www.tagesschau.de/inland/kirchenaustritte102.html, Meldung vom April 2011, 12.09.2011.

[386] Richard Dawkins, *Der Gotteswahn*, 7. Auflage, Berlin: Ullstein Verlag GmbH, 2009, 439.

[387] http://www.vef.de/index.php?id=11, Die VEF besteht seit 1926.

[388] http://www.spiegel.de/spiegel/print/d-9140804.html, Artikel vom 23.12.2011, 12.09.2011..

7 Die Suche nach Identität und Transzendenz

7.1 Die Suche nach Identität

Die existentiellen Lebensfragen und –bedürfnisse der Menschen sind trotz des enorm global wachsenden Wissens, Fortschritts und dem gestiegenen Spaß- und Wohlstandsfaktor v. a. in der westlichen Welt unbeantwortet geblieben. Max Scheler, ein Philosoph und Soziologe des 20. Jh.s, führte hierzu aus:

> „In keinem Zeitalter sind Ansichten über Wesen und Ursprung des Menschen unsicherer, unbestimmter und mannigfaltiger gewesen als in dem unsrigen. (...) Wir sind in der ungefähr zehntausendjährigen Geschichte das erste Zeitalter, in dem sich der Mensch völlig und restlos problematisch geworden ist; in dem er nicht mehr weiß, was er ist; zugleich aber auch weiß, dass er es nicht weiß."[389]

Die Suche nach der persönlichen Identität hat gegenwärtig neu begonnen. Die Fragen nach dem Sinn und Ziel des Lebens werden neu gestellt. Die allgemeine Formel für Identität lautet „sich Erkennen, Erkannt- und Anerkanntwerden"[390].
Das Thema Identität wurde zum Leitmotiv des 21. Jh.s auf allen kulturellen Ebenen. Debatten und tiefgründiges Nachdenken darüber finden sich bei den unterschiedlichsten Institutionen, Nationen, Wissenschaftsdisziplinen und Künsten.[391] Denn funktionale Differenzierungen, Individualisierung und letztlich die Pluralisierung der Lebenswelten führten zu einer postmodernen „Risikogesellschaft":

> „Erhöhte Mobilitätserfordernisse des entwickelten Kapitalismus, die Dynamik des Arbeitsmarktes, wachsende Bildungsabhängigkeiten, die Durchmarktung aller Lebensbereiche und ein durchschnittliches hohes Niveau der Existenzsicherung führen dazu, dass die Menschen (...) aus vertrauten Bindungen freigesetzt (...) werden. (...) Das Individuum wird in der Spätmoderne zum Baumeister seines eigenen Selbst."[392]

Das Suchen und Finden der persönlichen Freiheit offenbart eine Gewinn- und Verlustseite. Einerseits kann sich der Mensch ökonomisch und denkerisch frei und selbstbestimmend entwickeln, andererseits braucht er ein hohes Maß an Eigenverantwortung, die richtigen Entscheidungen in einer Vielzahl unterschiedlicher Lebensmöglichkeiten zu treffen.

---

[389] Zitat Max Scheler, abgedruckt bei Richard Wisser, *Vom Weg-Charakter philosophischen Denkens: geschichtliche Kontexte und menschliche Kontakte,* Würzburg: Königshausen und Neumann Verlag, 1998, 120.
[390] Rolf Eickelpasch, Claudia Rademacher, *Identität: Themen der Soziologie*, Bielefeld: transcript Verlag, 2004, 5.
[391] Rolf Eickelpasch, Claudia Rademacher, *Identität,* 5.
[392] Rolf Eickelpasch, Claudia Rademacher, *Identität,* 6.7.

Der Mensch befreite sich von den alten traditionellen und dogmatischen Lebensformen. Sein Glauben an den Fortschritt führte ihn zur Überzeugung, die Welt verbessern zu können. Jedoch machte sich der moderne Mensch von neuen Ideologien, Lebensformen und –normen abhängig.

Deshalb kann im Gegensatz dazu in der Postmoderne der Verlust des Fortschrittsglaubens, Verstöße gegen Regeln und Konventionen und eine Gleichwertigkeit von Kunst und Kitsch beobachtet werden. Die Welt wird so genommen, wie sie ist.[393] Die Fülle des weltweiten Austausches von Bildern, Symbolen und Ideen, von Lebensstilen und „Identitätsschablonen" führte das Individuum in eine Identitätskrise hinein.[394]

Bis in die 60er Jahre des 20. Jh.s hinein waren die klassische Ehe, Familie und der normale berufliche Werdegang noch ein verbindlicher Ausgangspunkt für die „Bündelung von Lebensplänen, Lebenslagen und Biographien"[395]. Sie gaben dem Einzelnen Sicherheit und Halt. Diese christlichen Strukturen wurden im Prozess der Moderne aufgelöst und führten, wenn auch unbewusst, zu einer Vereinsamung und Unfähigkeit, dauerhaft Beziehungen einzugehen.[396] Ausgerichtet auf sich selbst hat der Mensch in der Polarität der Werte einen gewissen Gemeinschaftsverlust erlitten. Das Finden gleich gesinnter Gemeinschaft hat sich als äußerst schwierig erwiesen. Der Mensch braucht jedoch Gemeinschaft, was seine Suche nach Integration in eine Gemeinschaft mit ähnlich Denkenden zeigt.[397]

Die aktuelle Instabilität der Weltwirtschaft offenbart eine zunehmende Risikobereitschaft und Verantwortungslosigkeit gegenüber dem Allgemeinwohl, was dem Einzelnen ebenfalls Vertrauen und Sicherheit entzieht.[398] Eine weitere Folge von abnehmendem Wohlstand und zunehmender Krisen, wie die gegenwärtige Krise des Euro offenbaren, ist die Erschütterung der politischen Stabilität.[399] Gerade darin werden die Tendenzen des Menschen zum Egoismus und zur Maßlosigkeit mehr denn je sichtbar. Der Mensch strebt nicht nach dem absolut Guten, sondern nach dem absolut Optimalen für sich selbst. Er ist sich selbst der Nächste.

---

393 Ron Kubsch, *Die Postmoderne,* 36.
394 Rolf Eickelpasch, Claudia Rademacher, *Identität,* 8.
395 Heinz Abels, *Identität,* 186.
396 Heinz Abels, *Identität,* 186.
397 Matthias Junge, Thomas Kron (Hrsg.), *Zygmund Bauman, Soziologie zwischen Postmoderne, Ethik und Gegenwartsdiagnose,* 2. Erweiterte Auflage, Wiesbaden: VS Verlag für Sozialwissenschaften, 2007, 169.
398 Prof. Dr. Kai Carstensen, *Krise der Weltwirtschaft, Gründe und Wirtschaftspolitische Konsequenzen,* ifo Insitut für Wirtschaftsforschung an der Universität München, Deutscher Bundestag: Kommissionsdrucksache 17 (26) 35, 9.5.2011.
399 http://www.zeit.de/politik/2011-12/krise-europa-usa, 14.12.2011.

Der Einzelne wird gegenwärtig herausgefordert, die eigene Selbst- und Weltdeutung vor dem Hintergrund zahlreicher und unterschiedlicher Deutungen zu spiegeln und zu reflektieren, um letztlich die *richtige* Identität und den damit verbundenen Lebensstil und die Lebenseinstellung für sich zu finden. Es gibt nicht mehr einen bestimmten Dreh- und Angelpunkt, der Festigkeit gewährt. Das Individuum dreht sich um sich selbst!

In der Suche nach der persönlich richtigen Identität offenbart sich eine neue Sehnsucht nach Kontakten und Gemeinschaft. In den alten traditionellen Strukturen lebte der Mensch in einem fest vorgegebenen sozialen Gefüge. Er war als ganzer Mensch Teil der Sozialordnung. Er war „mit Haut und Haaren Hausvater, Handwerksmeister oder Mönch“[400] und war gebunden an fest gesetzte Normen und Werte. Die persönliche Rolle und die damit einhergehenden Funktionen waren eine Einheit.

Im Gegensatz dazu erfüllt der postmoderne Mensch bestimmte gesellschaftliche Funktionen und gleichzeitig muss er verschiedenen sozialen Rollen gerecht werden. Der Einzelne muss bestimmte Funktionen erfüllen, unabhängig von seiner persönlichen Identität:

> „Identitätsarbeit als kontinuierliches Matching von innerer und äußerer Welt, das die Subjekte mit der sozialen und kulturellen Welt verklammert, wird notwendig in einer zunehmend komplexen und pluralisierten Sozialwelt, in der ein unproblematisches Hineinwachsen der nachwachsenden Generation in eine sozial vorgezeichnete, gesicherte und dauerhafte Identität nicht mehr möglich ist.“[401]

Das Individuum muss die soziale Passform finden, mit welcher oder durch welche es sich identifizieren kann. Er sucht in einer Vielzahl kultureller Verschiedenheit einen Raum der Gemeinsamkeiten, die seinem Identitätsmatching entsprechen. So wird die Postmoderne zu einem Zeitalter „der Gemeinschaft, der Lust auf Gemeinschaft, der Suche nach Gemeinschaft, der Gemeinschaftsphantasien“[402]. Denn nur innerhalb einer Gemeinschaft kann das Individuum erkannt werden. Der Mensch ist ein soziales, auf Gemeinschaft angewiesenes Wesen. Die soziale Anerkennung, ob durch emotionale Zuwendung, rechtliche Anerkennung oder soziale Wertschätzung ist für die Entwicklung einer gesunden Identität unabdingbar.[403]

---

[400] Rolf Eickelpasch, Claudia Rademacher, *Identität,* 17.
[401] Rolf Eickelpasch, Claudia Rademacher, *Identität,* 27.
[402] Matthias Junge, Thomas Kron (Hrsg.), *Zygmund Bauman, Soziologie zwischen Postmoderne, Ethik und Gegenwartsdiagnose,* 168.
[403] Edineia Kleemann, *Zur Bedeutung sozialer Anerkennung im Prozess der Identitätskonstruktion,* 1. Auflage 2004, Norderstedt: Grin Verlag, Books on Demand GmbH, 2004, 6.7.

In einer grenzenlos gewordenen Welt sucht der Mensch neue Abgrenzungen und ein neues zu Hause, in dem er Halt und Identität findet. Er sucht Abhängigkeit, die ihm Schutz und Sicherheit gibt.
Eine neue Form von Begegnung und sozialem Raum fand sich durch das Internet. „Social Media“[404] wurde zum aktuellen Schlagwort des gegenwärtigen 21. Jh.s. In den so genannten sozialen Medien wird getwittert, gechattet, gebloggt und gepostet. Ein globales Netzwerk ermöglicht das Kennenlernen neuer Menschen und animiert zu einem dialogorientierten Mitmachen und Austauschen.
Weltweit sind schätzungsweise 1,8 Milliarden Menschen in irgendeiner Form online, 93 Prozent unter 40 Jahren nutzen soziale Netzwerke im Internet. In einer Minute werden weltweit 1,4 Millionen Suchanfragen bei Google gestellt, 700.000 Videoclips bei YouTube geladen, 35.000 Twitter-Nachrichten verschickt und 58.000 neue Fotos bei Facebook eingestellt. Allein auf Facebook haben sich in 11 Monaten über 200 Millionen Nutzer angemeldet. Facebook ist mit Abstand das erfolgreichste soziale Netzwerk der Welt. Im Januar 2011 konnten 600 Millionen aktive Nutzer registriert werden. Jeder Nutzer hat hier die Möglichkeit, sein persönliches privates Profil anzulegen und darüber mit anderen Menschen in Verbindung zu treten. Auf einer Pinnwand können interessante Inhalte, Erlebnisse, Videos und Links miteinander geteilt werden. Diese Angaben gelten bei ihrer Veröffentlichung bereits als veraltet, die Zahlen nehmen täglich zu.[405]
Soziale Netzwerke im Internet haben laut einer aktuellen Studie des Medienpädagogischen Forschungsverbundes Südwest eine starke Anziehungskraft besonders auf Jugendliche. Jeder Zweite zwischen zwölf und 19 Jahren loggt sich täglich in seiner Online-Community ein, die meisten von ihnen sogar mehrmals täglich.[406] In dieser Entwicklung wird eine Veränderung im Kommunikationsverhalten deutlich: „Web 2.0 Nutzer wollen beachtet werden.“[407] Sehen und gesehen werden. Jederzeit in realer, die Gegenwart abbildender Zeit, das aktuelle Geschehen bei Bekannten und Freunden verfolgen und gleichzeitig selbst ein Teil dieser Gemeinschaft sein zu können, spiegeln die Sehnsucht nach dem eigenen Erkennen und Erkannt-

---

[404] Unter „Social Media“ fallen Internetplattformen wie „Wer kennt wen?“, „Facebook“, „StudiVZ“, „SchülerVZ“, „MeinVZ“, „MySpace“, etc., nachzulesen bei: Ulrike Ackermann (Hrsg.) *Freiheit in der Krise*, 132.
[405] Marc Wisser, Agentur page&paper für Kommunikation, Hachenburg, Seminarunterlagen zum Thema „Social Media intelligent nutzen. Neue Perspektiven eröffnen. Februar 2011, 7.
[406] http://www.welt.de/print/welt_kompakt/webwelt/article11279345/Die-neue-Vernunft-im-Internet.html, Artikel vom 29.11.2010, 12.09.2011.
[407] Marc Wisser, Agentur page&paper für Kommunikation, Hachenburg, 13.

werden wider. Liebe und Nähe, Grundbedürfnisse des Menschen, können nur durch ein Gegenüber erfüllt werden. Dieses Bedürfnis tritt in einer individualisierten, Ich-bezogenen und emanzipierten Welt, in der Familienstrukturen nicht mehr gegeben sind oder nicht mehr den Halt geben, den sie einmal gaben, via Internet erneut zu Tage.

Facebook zählt zu dem dominierenden und führenden sozialen Netzwerk der Gegenwart. Es ermöglicht, nichts zu verpassen. Der Nutzer muss jedoch ständig online sein. Jeder *Klick* zählt und gibt dem Nutzer das Gefühl wichtig zu sein, beachtet zu werden und am Puls des Lebens teil zu haben. Das Internet verspricht eine „Echtzeit" der Geschehnisse.[408]

Innerhalb dieses Netzwerkes kann jeder einzelne entscheiden, wie viel und was genau er über sich und seine Person angibt. Das so genannte „persönliche Profil" kann individuell gestaltet und veröffentlicht werden. Das Profil beinhaltet die Person identifizierende Merkmale: Name, Beziehungsstatus, Geburtsdatum, Vorlieben, Fotos etc.[409] Mit diesen persönlichen Daten tritt der Nutzer in das globale Kommunikationsgeschehen ein. Der Einzelne entscheidet, welche Identität und wie viel seiner persönlichen Informationen er der Gemeinschaft offenbart. Jeder kann sich die Identität geben, die er möchte. Ob die Bilder und Angaben der wahren Realität entsprechen, kann man nicht nachprüfen.

Hier wird eine weitere Krise in der Pluralität sichtbar. Die Frage nach der Zugehörigkeit und dem Ursprung der Sehnsucht, eine anerkennenswerte Identität zu besitzen, wird neu gestellt. Denn je mehr man das eigene Leben daran ausrichtet, „desto stärker wird die Abhängigkeit des eigenen Selbstbewusstseins von Meinung und Urteil der Freunde und vermeintlichen Vorbildern"[410].

Zahlreiche Computerspiele ermöglichen über das soziale Netz hinaus das Eintauchen in andere Rollen. Die virtuelle Welt und die reale Welt vermischen sich und sind kaum noch voneinander zu trennen. Die virtuelle Welt und die virtuellen sozialen Netzwerke sind für viele zu einer neuen Realität geworden.[411]

Aber selbst dort findet der Mensch nicht das, was ihm ein Erfülltsein von Liebe und Anerkennung ermöglicht, was er sucht und braucht. Neueste Studien zeigen, dass

---

[408] http://www.google.de/realtime?hl=de&tab=wY, 30.06.2011.

[409] www.facebook.de, 13.09.2011.

[410] http://www.faz.net/artikel/C30833/facebook-das-ganze-leben-wird-zur-online-show-30723709.html, 26.09.2011.

[411] Bereits im Jahr 2005 wurde eine Abhängigkeit von 10 Prozent der Internetnutzer angenommen, nachzulesen bei: http://www.psychiatrie.de/internet/article/flucht_in_virtuelle_welten.html, 28.07.2011.

diese Art von Gemeinschaft viele Jugendliche in eine neue Form der Depression hineinführt, da sie im Ringen um das Beliebt sein, das sich in zahlreichen Klicks und Freunden verdeutlicht, nicht gewinnen können.[412]

In der Suche nach der richtigen Identität wird deutlich, dass der Mensch nicht wirklich frei ist. Er braucht ihn anerkennende und bestätigende Bindungen. Denn der Mensch wurde einzigartig, jedoch in der identifizierenden Gemeinschaft mit Gott erschaffen:

> „Die ganze Geschichte der Menschheit wurde irregeführt, bekam einen Bruch wegen Adams falscher Gottesvorstellung. Er wollte wie Gott werden. (...) Er glaubte, Gott sei ein unabhängiges, autonomes, sich selbst genügendes Wesen; und um wie er zu werden, hat er sich aufgelehnt und Ungehorsam gezeigt. Aber als Gott sich offenbarte, (...), wer er war, erschien er als Liebe, Zärtlichkeit, als Ausströmen seiner selbst, unendliches Wohlgefallen in einem anderen. Zuneigung, Abhängigkeit. Gott zeigte sich gehorsam, gehorsam bis zum Tode. Im Glauben, Gott zu werden, wich Adam völlig von ihm ab. Er zog sich in die Einsamkeit zurück, und Gott war doch Gemeinschaft."[413]

Es wird deutlich, dass der Mensch trotz der Sehnsucht nach Freiheit und Unabhängigkeit einen Identität stiftenden Rahmen braucht. Er sucht und erfindet neue Traditionen, bspw. durch ein Leben im Netz, die ihn halten und führen.[414]

---

[412] http://www.focus.de/gesundheit/ratgeber/psychologie/news/soziale-netzwerke-aerzte-warnen-vor-facebook-depression_aid_614154.html, 12.09.2011.

[413] Louis Evely, *Manifest der Liebe, Das Vaterunser*, 7. Auflage, Freiburg: Herder Verlag 1961. 26.
vgl. auch: Yves Congar, *Wege des lebendigen Gottes,* übersetzt von Siglinde Summerer, Freiburg: Herder Verlag, 1964, 93.

[414] Rolf Eickelpasch, Claudia Rademacher, *Identität,* 63.

7.2 Glaubensvolle Gesellschaft – die Suche nach Transzendenz

Neben der Suche nach Identität stellte die Psychologie fest, dass immer mehr Menschen ein Bedürfnis nach transzendenten Erfahrungen äußern.[415]

Bereits am Ende des 20. Jh.s offenbarte sich eine Kritik an der Moderne an der rein auf empirischen Ergebnissen orientierten Kultur. Ideologische Gedanken und Bewegungen wie „New Age“ in Verbindung mit „Esoterik“[416] wurden zu Schlagworten eines neuen Umdenkens, das sich nach dem Paranormalen und der Transzendenz ausrichtete. Die „Trennung von Geist und Materie“[417], die durch die Wissenschaften lange proklamiert wurde, wurde aufgehoben.

Sichtbar wurde dieses Bedürfnis nach Transzendenz im Medienprogramm. Waren es zu Beginn noch einzelne Serien, die das Paranormale, das wissenschaftlich nicht Erklärbare und Überirdische untersuchten, wuchs die Nachfrage nach diesen Serien.[418] Ein förmlicher Hype für die Kraft aus der Übernatürlichkeit war zu Beginn des 21. Jh.s mit den Büchern der englischen Schriftstellerin Joanne K. Rowling „Harry Potter“ und der entsprechenden Verfilmung allgemein bis in die aktuelle Gegenwart hinein zu beobachten. Über einen Zeitraum von mehr als zehn Jahren wurde das breite Publikum von der Erfolgsgeschichte des Zauberers Harry Potter fasziniert, der viele geheimnisvolle Entdeckungen machen musste, um letztlich den bösen Zauberer, der die ganze Welt bedrohte, mit Magie besiegen zu können. Erst danach konnte das Leben wieder in Frieden und Freiheit gelebt werden. Ähnliche Erfolge feierten bspw. Verfilmungen wie „Herr der Ringe“, „Alice im Wunderland“ und „Avatar“.[419] Der Zuschauer wird in diesen Filmen in eine neue Welt hineingeführt, die der Phantasie jeglichen freien Lauf lässt. Diese Filme vermitteln eine besondere Kraft, eine nicht schwindende Hoffnung für das Leben. Sie münden alle in einer Hoffnung auf eine perfekte und bessere Welt. Der Mensch erhält darin eine Mission, die das Normale, Greifbare und Endende überwindet.

In dieser Suche nach Transzendenz wird eine Sehnsucht offenbar. Diese Sehnsucht, die über das Irdische hinaus geht, wird von Fjodor Dostojewskij, einem bekannten russischen Dichter des 19. Jh.s, bereits wie folgt beschrieben: „Vieles auf Erden ist

---

[415] Nicole Langer, *Psychologie,* 96.

[416] http://www.new-age.de/, 13.09.2011.

[417] Frauke Zahradnik, *Irritation der Wirklichkeit,* Münster: Lit Verlag, 2007, 145.

[418] Ein Beispiel ist die Serie „Psi-Factor“, die auf wahren Begebenheiten beruhen soll und das wissenschaftlich nicht erklärbare zu erklären versucht, nachzulesen unter: http://www.fernsehserien.de/index.php?serie=2296, 28.07.2011.

[419] http://www.insidekino.de/TOPoderFLOP/Global.htm.

uns verborgen, dafür aber ist uns im Inneren ein geheimes Gefühl unserer lebendigen Verbindung mit einer anderen Welt gegeben, einer höheren und erhabeneren Welt."[420]

Die Bibel bestätigt die Sehnsucht nach einem übernatürlichen Jenseits (Pred 3,11). Der Mensch trägt eine Sehnsucht nach etwas in sich, dass sein persönliches Sein übersteigt, darüber ist sich sogar die Wissenschaft einig.[421] Der Mensch versucht auf unterschiedlichste Arten diesen „Grundtrieb"[422] nach Transzendenz zu stillen, um sich letztlich selbst zu erkennen. Eine neue Spiritualität ist aufgebrochen.

Verschiedene Wege offenbarte die Psychologie in ihren unterschiedlichen Therapieformen. Beispiele hierfür sind bewusstseinserweiternde Meditationen, wie bspw. das Autogene Training, Traumdeutungen oder auch die therapeutische Hypnose, dem Eindringen ins Unterbewusste des Menschen. Darin sollte der Menschen die Möglichkeit finden, mit dem Unbewussten, sei es Gott oder etwas anderes, in Kontakt zu treten.[423]

Besonders eindrucksvoll und wissenschaftlich untersucht werden auch Berichte von Menschen mit einer Nahtoderfahrung. Sie drücken einen Zustand aus, den sie im Geist gesehen und gespürt haben, der teilweise eine „Sehnsucht nach dem Jenseits"[424] weckte. Trotz wissenschaftlicher Forschungen wird an dieser Stelle eine Grenze deutlich. Diese subjektiven Erfahrungen, die über das diesseitige Sein hinausgehen, können mit objektiven Mitteln und diesseitigen Gesetzmäßigkeiten nicht erfasst werden.[425]

Der Mensch streckt sich in der gegenwärtigen Zeit nach dem Überirdischen, dem Metaphysischen aus und versucht diesen Raum im Geist zu ergreifen. Dies erfolgt sowohl in der Gegenwart des Lebens, als auch in der Frage nach dem Wohin nach dem Tod. Die Vernunft der Aufklärung oder auch wissenschaftliche Methoden konnten dieses Geheimnis nicht klären.[426]

---

420 Zitat von Fjodor Dostojewskij, abgedruckt bei Thomas Philipp, *Wie heute glauben?*, 58.

421 Ulrich Beck, *Der eigene Gott, Friedensfähigkeit und Gewaltpotential der Religionen*, 13.

422 Timothy, Keller, *Warum Gott? Vernünftiger Glaube oder Irrlicht der Menschheit?*, 2. Auflage November 2010, Gießen: Brunnen Verlag Gießen und Basel, 2010, 168.

423 Nicole Langer, *Psychologie*, 107.

424 Alois Serwaty, Joachim Nicolay (Hrsg.), *Nahtoderfahrung- neue Wege der Forschung: Tagungsbeiträge 2008*, Goch: Santiago Verlag Joachim Duderstadt e.K., 2009, 13.14.

425 Alois Serwaty, Joachim Nicolay (Hrsg.), *Nahtoderfahrung- neue Wege der Forschung: Tagungsbeiträge 2008*, 91.

426 Interessant in diesem Zusammenhang sind aktuelle Untersuchungen und Studien über Heilungsgebete und unerklärbare Heilungen. Darüber hinaus ist sich selbst die Wissenschaft einig, dass eine Heilung immer von innern heraus erfolgen muss, Ärzte könnten nur beim Kurieren helfen, nachzulesen bei: Focus Magazin, *Ich: Die beste Medizin der Welt, Das Wunder Selbstheilung,* Ausgabe vom 25.07.2011, München: Focus Magazin Verlag GmbH, 70-78.

Die Erfahrung von Transzendenz bleibt ein geistliches und letztlich subjektives Erlebnis. Die Rationalität konnte Gott nicht erklären, deshalb wurde Gott als nicht existent gesehen. Jedoch kann der Mensch auch seine Rationalität nicht wirklich beweisen, er kann nur sein Bewusstsein als Hinweis darauf nehmen und für sich annehmen. So können auch zahlreiche Hinweise auf Gott in einem ersten Schritt nur geglaubt werden (vgl. auch 2Kor 5,7).[427]

Das Christentum setzt seinen Schwerpunkt des Erkennens auf der geistlichen Ebene an. Im Geist wird der Mensch befähigt dieser Sehnsucht einen Halt zu geben. Der Glaube wird gerade in der Transzendenz erlebbar. Freude, „Heiterkeit des Herzens“[428] und Geborgenheit erfüllen den Menschen und lassen eine Sehnsucht nach Gott wachsen (Gal 5,16-22; Phil 4,4-7). Paulus führte hierzu aus: „(...) und der Friede Gottes, der allen Verstand übersteigt, wird eure Herzen und eure Gedanken bewahren in Christus Jesus.“ In Christus erlangt der Mensch eine tiefe Gewissheit des Angenommenseins. Sie erwächst dabei nicht aus dem natürlichen, menschlichen Sein, sondern aus dem Metaphysischen, einer von außen kommenden Göttlichkeit, der Kraft des Heiligen Geistes:

> „Der Herr aber ist der Geist; wo aber der Geist des Herrn ist, ist Freiheit. Wir alle aber schauen mit aufgedecktem Angesicht die Herrlichkeit des Herrn an und werden so verwandelt in dasselbe Bild von Herrlichkeit zu Herrlichkeit, wie es vom Herrn, dem Geist, geschieht“ (2Kor 3,17.18).

Diese Erfahrung wurde für Ignatius von Loyola bereits im 15. Jh. der Schlüssel zu seinem geistlichen Weg. Er beobachtete die Folgen seiner Gedanken. Beschäftigte er sich mit weltlichen Gedanken, so kam durchaus Freude in ihm auf, die jedoch war nicht von langer Dauer, sondern nach dieser kehrte eine schlechte eher als depressiv zu bezeichnende Stimmung bei ihm ein. Wenn er seine Gedanken jedoch auf Gott ausrichtete, sich mit seinem Wort beschäftigte, so empfand er für längere Zeit Freude und Zufriedenheit.[429]

Ähnliche wissenschaftliche viel diskutierte Erfahrungsberichte finden sich auch in der Betrachtung einzelner Gefangener im Konzentrationslager zur Zeit des Nationalsozialismus. Besonders eindrucksvoll sind die Ausführungen im Tagebuch der Jüdin Etty Hillesums, die trotz ihrer Umstände Freude und Kraft durch ihren Glauben an

---

[427] Timothy, Keller, *Warum Gott?*, 160.

[428] Thomas Philipp, *Wie heute glauben?*, 65.

[429] Helmut Feld, *Ignatius von Loyola: Gründer des Jesuitenordens, eine Biographie*, Köln: Böhlau Verlag GmbH & Cie, 2006, 12.13.

Gott erleben durfte. Jedoch wertet die Wissenschaft diese Empfindung als rein im Menschen angelegt ab: Religion als Selbstschutz.[430]
Andrew Wommack führte in seinem Buch „Geist, Seele & Körper"[431] aus, dass der Mensch nicht nur aus Körper und seelischen Empfindungen wie z. B. Gefühlen bestehe, sondern aus Körper, Seele und Geist (vgl. auch 1Thess 5,23). Zu diesem Verständnis von Geist habe der Mensch zunächst keinen natürlichen Zugang. Er ist nicht direkt sichtbar, hörbar oder berührbar. Für Wommack beginnt der Zugang im Vertrauen auf ein göttliches Gegenüber.[432] Sichtbar wird dieses Gegenüber im Geist: „Gott ist Geist, und die ihn anbeten, müssen in Geist und Wahrheit anbeten" (Joh 4,24). Wirklich ergreifen und in Verbindung treten mit dem göttlichen Gegenüber kann der Mensch nur, wenn sein Geist erneuert wird. Die verlorene Ebenbildlichkeit, die Fähigkeit Gott als Gegenüber zu erkennen und damit erkannt zu werden, braucht eine geistliche Erneuerung. Jesus Christus spricht von der Wiedergeburt des Geistes (Joh 3,5-7).
An dieser Stelle wird die Dimension von Glaube deutlich: ein für Wahr halten, was die eigene Wirklichkeit übersteigt. Die Wissenschaft hat ihren Schwerpunkt in der Welt, der Glaube geht darüber hinaus.[433] Selbst Richard Dawkins, ein bekannter Atheist der Gegenwart, musste in seinen Ausführungen zugeben, dass der Mensch seinen Sinnen nicht 100 Prozent trauen könne, da auch er nur ein Produkt der natürlichen Entwicklung sei.[434]
Die gesellschaftlichen Entwicklungen der letzten zwei Jahrhunderte haben gezeigt, dass demokratische Staatssysteme, steigender Wohlstand, Freiheit im Denken, Handeln und Entfalten durchaus gut und wichtig waren. Sie führten jedoch nicht zur Zufriedenheit und Glückseligkeit, wonach sich die menschliche Seele in ihrem tiefsten Sein sehnte und sehnt. Sie haben in ihrer Summe eher ins Gegenteil geführt. Die Soziologie spricht von „unsicheren Zeiten"[435]. Tatsache ist, dass die Risiken und Unsicherheiten der Gegenwart nicht auf einen Mangel, sondern gerade auf einen Sieg der technisch fortgeschrittenen Moderne zurückzuführen sind.

---

[430] Ulrich Beck, *Der eigene Gott, Friedensfähigkeit und Gewaltpotential der Religionen*, 19.20.
[431] Andrew Wommack, *Geist, Seele und Körper*, 3. Auflage 2009, Andrew Wommack Ministries, Europe, England, 2007, 2.3.
[432] Andrew Wommack, *Geist, Seele und Körper*, 4.5.
[433] Ähnliche Gedanken finden sich bei: Timothy Keller, *Warum Gott?*, 169.170.
[434] Richard Dawkins, Der Gotteswahn, 511f.
[435] Ulrich Beck, *Die Neuvermessung der Ungleichheit unter den Menschen*, Sonderdruck, 1. Auflage 2008, Suhrkamp Verlag, Frankfurt a. M., 2008, 55.

Die Soziologie hat darauf keine Zukunft weisende Antwort. Beck formulierte den gesellschaftlichen Zustand und das Ende der Weisheit der Wissenschaft wie folgt:

> „Dem beobachtbaren Prozess einer gesellschaftlichen Mutation der Moderne – wenn ich diesen biologischen Ausdruck verwenden darf -, der angesichts der selbstzerstörerischen Folgen radikalisierter Modernisierung die Gesellschaftsstruktur von innen heraus revolutioniert, stehen die verschiedenen Soziologien hilflos gegenüber (...). Für diesen Prozess der (...) schöpferischen Zerstörung, (...) verfügt sie über keine Gesellschaftstheorie, keinen empirischen Bezugsrahmen, keine Forschungsroutinen, keine entsprechend transnationale Organisationsform ihrer Forschung und Lehre.“[436]

Dies führt zu dem Schluss, dass das angeblich Gute im menschlichen Sein, das auf der Basis humanistischer Ansätze durch die Vernunft in seinen Entwicklungen auf allen gesellschaftlichen Ebenen gefördert und gefordert wurde, nicht das wirklich Gute, nämlich spürbares Glück, Zufriedenheit, Gesundheit, Wohlstand und Freiheit für die deutsche Gesellschaft gebracht hat. Es wird deutlich, dass der Mensch allein aus sich heraus weder mündig noch fähig ist, Gutes zu vollbringen: „Der Postmodernismus hat die Vernunftsanbetung und den Humanismus der Moderne in die Schranken gewiesen.“[437]

Es braucht eine neue Hoffnung, die über das Vernünftige und menschlich Mögliche, was offensichtlich unzureichend ist, hinausgeht und echte Lebensfreude und einen tieferen Lebenssinn schenkt. Es bleibt nur der Glaube als letztes Sinn stiftendes Element des Lebens und als Quelle der Glückseligkeit. Die Tatsache, dass die Gläubigkeit der Menschen zu einer größeren Ausgeglichenheit und Lebensfreude, sogar zu einer höheren Lebenserwartung führt, wurde im Übrigen sogar wissenschaftlich bewiesen.[438] An dieser Stelle erhält der christliche Glaube, das Wort Gottes und seine metaphysischen Botschaften an diese Welt, eine neue Chance in die Gesellschaft hineinzufinden.

---

[436] Ulrich Beck, *Die Neuvermessung der Ungleichheit unter den Menschen*, 48.
[437] Ron Kubsch, *Die Postmoderne*, 67.
[438] Nicole Langer, *Psychologie*, 96.97.

8 Kirche – zurück zur Glaubens-Freiheit

Neue geistige Strömungen verbunden mit einer neuen Kultur von Wissen, Bildung und Informationsverbreitung revolutionierten das mittelalterliche Denken der Menschen und formten den modernen, im Denken und Handeln freier gewordenen Menschen. Im wahrsten Sinne des Wortes kehrte sich das Denken des Menschen um. Der Mensch begann nur noch auf sich selbst zu schauen. Dieser individualistische Egoismus durchdrang langsam aber stetig die unterschiedlichen Lebensbereiche. Neue Vorbilder, Symbole und deren Sprache wurden wegweisend für die Entwicklung neuer auf das Individuum ausgerichteter kultureller Kernwerte. Die Entwicklung zur individualistischen Selbstentfaltung endete jedoch in einer Desorientierung und führte zu einer neuen Suche nach Identität und Transzendenz. Eine neue Suche nach seelischem Halt, einer Sicherheit gebenden Lebensorientierung und neue Antworten auf die Fragen des Lebenssinns werden gesucht. Es braucht eine neue Hoffnung und Lebens*wert*. Die gegenwärtige gesellschaftliche Haltlosigkeit, die sich an zunehmender Depression und Zukunftsangst manifestiert, verdeutlicht auch, dass das geistige Ruder in Deutschland führungs- und ziellos ist. Es muss und kann ergriffen werden.

Das Ziel muss sein, „die Kirche zurück auf die Karte dieser Welt zu setzen!“[439]

Ich möchte an dieser Stelle dieses Zitat etwas verschärfen. Das Ziel muss sein, den Glauben an Gott in der Kraft des Heiligen Geistes durch das Evangelium Jesu Christi wieder erlebbar und erfahrbar werden zu lassen. Wenn der Glaube und seine damit verbundenen auf Gott ausgerichteten Wertvorstellungen innerhalb der Gesellschaft wachsen (vgl. Mt 6,24; 17,20; Mk 12,30), kann der Leib Jesu an Raum und Kraft gewinnen und letztlich auch die Kirche als Institution.

Im Alten Testament wird der Ausdruck „Gemeinde“ in Zusammenhang mit dem Volk Israel genannt (vgl. 2Mose 12,3). Der im Hebräischen verwendete Ausdruck „edah“ steht für eine „Rechtsgemeinschaft und als Gemeinschaft, die in Verantwortung vor Gott steht“[440].

---

[439] Zitat Tom Wright, nachzulesen bei: Johannes Reimer, *Die Welt umarmen, Theologie des gesellschaftsrelevanten Gemeindebaus, Transformationsstudien, Band 1*, Marburg a.d.L.: Verlag der Francke-Buchhandlung GmbH, 2009, 287.

[440] Elberfelder Studienbibel, Sprachschlüssel AT Nr. „edah“, 1705.

Im griechischen Neuen Testament findet sich für den Ausdruck „Gemeinde“ das Wort „ekklesia“ (vgl. Mt 16,18). Dieser Begriff umfasst die christliche Gemeinschaft. Die Heilsgemeinschaft der durch Jesus Christus erlösten und herausgerufenen Menschen.[441] Das Evangelium Jesu Christi ruft die Menschen aus ihrem begrenzten Sein heraus. Ewiges Leben wird in Christus wahrhaftig. Jesus gab seinem Jünger die „Schlüssel des Reiches der Himmel“ (Mt 16,19). Dieses himmlische Reich sollte nach Christus weiter auf der Erde gebaut werden. Die Gemeinschaft und Leidenschaft der Gläubigen wurde zum sichtbaren Zeichen des künftigen Gottesreichs (Mt 16,18; 18,20):

> „Sie verharrten aber in der Lehre der Apostel und in der Gemeinschaft, im Brechen des Brotes und in den Gebeten. (...) und es geschahen viele Wunder und Zeichen durch die Apostel. Alle Gläubiggewordenen aber waren beisammen (…). Täglich verharrten sie einmütig im Tempel (…) lobten Gott und hatten Gunst beim ganzen Volk. Der Herr aber tat täglich hinzu, die gerettet werden sollten“ (Apg 2,42-47).

Mit der christlichen Gemeinde in der antiken Welt entstand etwas völlig Neues. Die Gemeinde Jesu Christi nahm eine Stellung ein, die die bisherigen Kultgemeinschaften veränderte. Durch den Glauben und die Bekehrung zu Gott löste sich der Mensch aus dem bisherigen Volk heraus. Sie wurde zu einem überweltlichen Etwas.[442] Peter Henke formulierte dies wie folgt:

> „(...) diese Überweltlichkeit ist nicht die einer räumlichen oder zeitlichen neben- oder Überordnung, sondern sie bedeutet, dass, wo Kirche ist, alles Welthafte sich nicht mehr nur vor der Welt, sondern vor etwas, was nicht Welt ist, zu rechtfertigen hat, dass die Geschlossenheit, die zum Wesen der Welt gehört, und durch die sie erst recht eigentlich Welt, Kosmos im griechischen Sinne ist, zerrissen, dass die Welt gegen ihre eigenste Tendenz offen gehalten wird.“[443]

Die Gemeinde Jesu Christi durchbrach die Ordnung der Welt durch eine über die weltlichen Grenzen hinausgehende Himmelreichsperspektive und veränderte sie (vgl. Apg 5,12; 14,3; Röm 15,19). Eine neue in sich liebevolle und den einzelnen anerkennende Gemeinschaft entstand als erstes Abbild für die himmlische Gemeinschaft. Gekennzeichnet war diese Gemeinschaft durch eine besondere geistliche Einheit, Freude, Frieden und übernatürliche Zeichen und Wunder. Zum Erhalt dieser neuen Ordnung wurden zwei Aspekte weiterentwickelt:

---

[441] Elberfelder Studienbibel, Sprachschlüssel NT Nr. 1558, „ekklesia“, 1929.

[442] Peter Henke, *Gewissheit vor dem Nichts: Eine Antithese zu den theologischen Entwürfen Wofhart Pannenbergs und Jürgen Moltmanns*, Berlin: Walter de Gruyter Verlag, 1974, 68.

[443] Peter Henke, *Gewissheit vor dem Nichts*, 68.

Die Dogmatik, die im Wesentlichen Gottes Aktivität und Wesen beschreibt, und die Ethik, als Aktivität der zur Gemeinde des Reiches Gottes gehörenden Menschen.[444] Die Kirche als Institution versuchte durch liturgische Elemente, wie bspw. dem Glaubensbekenntnis, der Kirchenzucht u. v. m. Leitfäden und gut tradierbare Glaubensrichtlinien zu schaffen, um das Ziel des Glaubens nicht aus dem Blick zu verlieren. Diese sollten dem Gläubigen stets auf seinem persönlichen Weg mit Gott Halt geben. Entscheidend war und ist jedoch, dass das Reich Gottes und seine Übernatürlichkeit das Zentrum der Ethik bleiben muss:

> „Wenn die Theologie zu allerlei Ungereimtheiten kommt und sie mit dem Verweis auf das Mysterium nicht nur entschuldigen, sondern womöglich kanonisieren will, liegt ein Missbrauch der wahren Idee des Mysteriums vor, dessen Sinn nicht die Zerstörung des Verstandes ist, sondern das vielmehr Glauben als Verstehen ermöglichen will."[445]

Entscheidend für die Substanz des Glaubens und seiner Glaubhaftigkeit ist die ständige Verbindung zur übernatürlichen Welt in der Kraft, dem aktiven und verbindenden Element des Heiligen Geistes.

Die Gemeinde Jesu Christi kann noch einmal die Ordnung der Gesellschaft durchbrechen. Jesus Christus erteilte *einen* Missionsauftrag (vgl. Mt 28,18.19), der bis heute nicht widerrufen wurde.

Die Bibel beschreibt die Gemeinde als *einen* Körper, dessen Haupt Jesus Christus ist (vgl. Kol 1,18). In der Autorität und Identität Christi werden die einzelnen Glieder befähigt, sein Werk fortzusetzen (vgl. Mk 3,15; 16,15). Die Bibel spricht von *einem* Geist und *einem* Leib (1Joh 4,1, vgl. auch 2Kor 13,5; Eph 5,10). Unterschiedliche Formen geistlichen Lebens durch verschiedenartige Denominationen können durchaus eine Bereicherung für die Gesellschaft sein, aber nur, wenn sie das geistliche Ziel gemeinsam verfolgen, können sie die Gesellschaft nachhaltig beeinflussen: „Wer die kulturelle Hegemonie in einer Gesellschaft besitzt, verfügt über die Fähigkeit, die Gesellschaft von der Kultur aus zunächst nur zu verändern, dann aber auch zu bestimmen."[446] Rundfunk, Fernsehen und Internet sind die entscheidenden, geistig prägenden Medien der Gegenwart.[447] Hier sollte die Kirche versuchen, das Programm zu gestalten. Sie ist aufgerufen, sich im Blick auf gesellschaftliche Wertvorstellungen neu zu positionieren und im Sinne des Wortes Gottes liebevoll und klar zu

---

[444] Joachim Ringleben, *Gottes Reich und menschliche Freiheit: Ritschl Kolloquium*, 95.
[445] Joseph Ratzinger, Benedikt XVI, *Einführung in das Christentum*, 69.
[446] Thomas Petersen, Tilman Mayer, *Der Wert der Freiheit*, 26.
[447] Thomas Petersen, Tilman Mayer, *Der Wert der Freiheit*, 26.

gesellschaftlichen Problemen Stellung zu nehmen: Familie, Ehe, Abtreibungen, Erziehungsfragen etc. Auch die Fragen nach der persönlichen Glückseligkeit können durch das Wort Gottes beantwortet werden. Die Gemeinden sollten sich nicht bewusst voneinander abgrenzen. In gegenseitigem Respekt sollten sie die Einheit des einen Geistes anstreben und gemeinsam der suchenden Gesellschaft in glaubensvollem Selbstbewusstsein entgegentreten.

Jesus Christus verwendete bei der Verkündigung seines Evangeliums vom Himmelreich zahlreiche Geschichten. Er versuchte vergleichbare Bilder, Gleichnisse, zu finden, die den einzelnen Menschen in seiner kulturellen, persönlichen Situation ansprachen und ihm gleichzeitig ein verständliches Bild von dem noch nicht ergriffenen Himmelreich gaben. So verglich er das „Reich der Himmel" bspw. mit einem wachsenden „Senfkorn" (Matthäus 24,31) oder auch einem „verborgenen Schatz", für den es sich lohnt alles aufzugeben (Matthäus 24,44). An diesen Begriffen konnten sich die Menschen jener Zeit orientieren. Für unsere Gegenwart bedeutet das, dass der Mensch durch lebensnahe Predigten geistig dort abgeholt werden muss, wo er steht. Die Predigten der Gegenwart dürfen nicht theologisch abstrakt sein. Der Mensch als Teil einer bestimmten kulturellen Geschichte und eingebettet in den geschichtlichen Verlauf identifiziert sich durch Geschichten. Das Leben eines jeden Menschen ist eine lebendige Geschichte. Das Wiedergeben dieser Geschichten drücken seine Identität, sein Bewusstsein und seine Beziehung zu Menschen und, globaler betrachtet, zur Welt aus. Das simple Prinzip des Geschichten Erzählens, „Storytelling", wird auch heute noch als ein besonderer „Akt des Verbindens und Verknüpfens und In-Beziehung-Setzens" angesehen.[448] Gottes Geschichte mit den Menschen muss neu erzählt werden (Ps 139,13).

Die Sehnsucht nach Identität und Transzendenz findet ihre Antwort in der übernatürlichen Begegnung mit Gott. Gottes Reich ist die Antwort auf die Sehnsucht nach dem Sinn des Leben über den Tod hinaus (vgl. Joh 3,2.3). Geschichten können an etwas Bestehendem anknüpfen und sie in ein neues Licht stellen. Geschichten verbinden das „Eigene mit dem Fremden" und führen den Zuhörer vom „Gewohnten ins Ungewohnte" hinein.[449] Entscheidend hierbei ist, dass der Erzähler die Geschichten der Zuhörer kennt, er muss wissen, was sein Gegenüber bewegt, um dort anzuknüp-

[448] Karolina Frenzel, Michael Müller, Hermann Sottong, *Storytelling, die Kraft des Erzählens fürs Unternehmen nutzen*, München: Deutscher Taschenbuchverlag GmbH & Co.KG, München, 2006, 7.
[449] Karolina Frenzel, Michael Müller, Hermann Sottong, *Storytelling, die Kraft des Erzählens fürs Unternehmen nutzen*, Seite 11.

fen. Ein beeindruckendes Beispiel für begeisternde Evangelisation bot im Dezember 2011 die evangelische Kirche in Hessen. Sie organisierte via Internet einen geistlichen Flashmop in einem vollen Einkaufszentrum in Wiesbaden und schaffte es die Menschen zur Besinnung zu rufen und sogar in den Nachrichten klar die Botschaft Christi zu verkündigen.[450]

Deshalb braucht es gut ausgebildete, authentische und glaubensvolle Pastoren und Leiter (vgl. Eph 4,11). Einen geistlichen Weg vorzugeben und damit das geistige Ruder einer Gesellschaft zu ergreifen, bedeutet m. E. auch Führungskompetenzen zu besitzen. Neben kreativer Evangelisation braucht es auch einen nachhaltigen Jüngerschaftsprozess (vgl. Mt 24,13; 28,19).

Eine besondere noch leicht zu beeinflussende Zielgruppe sind Kinder und Jugendliche (vgl. Mt 18,3). Gerade innerhalb ihres Enkulturationsprozesses sind sie noch besonders formbar. Ein guter Ansatz zur gesellschaftlichen Veränderung liegt folglich auch in einer evangelistischen Kinder- und Jugendarbeit.

Ich persönlich glaube, wenn Pastoren und Leiter im Glauben den Mut aufbringen, Gottes Wort vom Evangelium Jesu Christi für die Gesellschaft hörbar zu verkündigen, und im Glauben *einfach* das tun, was das Wort Gottes sagt, dann wird sich Gottes Herrlichkeit in Zeichen und Wundern neu offenbar (vgl. Jes 55,11; Mt 7,29; Lk 4,36).

Im Erleben des Heiligen Geistes werden Menschen die Wahrheit und Herrlichkeit Gottes erfahren. Im Erkennen der eigenen Unfreiheit werden sie sich zu einer neuen Freiheit in Christus zurückrufen lassen. Dem gegenwärtig suchenden Menschen sollten die Kirchen mit ihrem Evangelium der Hoffnung auf das Jenseits einladend und bekennend aktiv entgegentreten. Dann ist „es ist tatsächlich der menschlichen Freiheit und ihren Prioritäten überlassen, ob der Geist Raum finden, gedeihen, sich ausdrücken darf."[451]

In der neuen Suche nach Identität und Transzendenz wird die Unfreiheit des Menschen Gott gegenüber deutlich. In Erkenntnis über die eigene Unfreiheit kann die Freiheit Gottes in Christus neu erkannt und ergriffen werden. In einer vertrauensvollen Hingabe zu Gott kann der postmoderne Mensch echte Freiheit erleben.

---

[450] http://www.hr-online.de/website/suche/home/mediaplayer.jsp?mkey=43444268&xtmc=Wiesbaden&xtcr=2, 17.12.2011.

[451] Thomas Philipp, *Wie heute glauben?*, 63.

Literaturverzeichnis

Bücher und Lexika

Abels, Heinz, *Identität*, 2. Auflage, Wiesbaden: VS Verlag für Sozialwissenschaften, 2010.

Ackermann, Ulrike (Hrsg.), *Freiheit in der Krise, Der Welt der wirtschaftlichen, politischen und individuellen Freiheit,* 1. Auflage, Frankfurt am Main: Humanities, 2009.

Barner, Wilfried; Grimm, Gunter E.; Kiesel, Helmut; Kramer, Martin (Hrsg.), *Lessing: Epoche, Werk, Wirkung.* 6. Auflage, München: C.H. Beck Verlag, 1998.

Baum, Manfred; Hammacher, Klaus; Janke, Wolfgang (Hrsg.), *Transzendenz und Existenz: Idealistische Grundlagen und moderne Perspektiven des transzendentalen Gedankens*, Amsterdam: Rodopi Verlag, 2001.

Beck, Ulrich, *Der eigene Gott: Von Friedenfähigkeit und Gewaltpotential der Religionen*, Frankfurt am Main: Verlag der Weltreligionen, 2008.

Beck, Ulrich, *Die Neuvermessung der Ungleichheit unter den Menschen*, Sonderdruck, 1. Auflage 2008, Frankfurt am Main: Suhrkamp Verlag, 2008.

Bellarmin, Robert, *Katechismen, Glaubensbekenntnis, Vater Unser,* Andreas Wollbold (Übersetzer und Herausgeber), Würzburg: Echter Verlag, 2008.

Bendixen, Peter, *Die unsichtbare Hand, die Freiheit und der Markt. Das weite Feld ökonomischen Denkens,* Wien: Lit Verlag GmbH & Co.KG, 2009.

Bermes, Christian; Dierse, Ulrich (Hrsg.), *Schlüsselbegriffe der Philosophie des 20. Jahrhunderts,* Hamburg: Felix Meiner Verlag, 2010.

Blondel, Maurice; Henrici, Peter, *Tagebuch vor Gott. 1883-1894,* übersetzt von Hans Urs von Baltahasar, Einsiedeln: Johannes Verlag, 1974.

Brandt, Theodor, *Basiswissen Kirchengeschichte, Kirche im Wandel der Zeit,* 1. überarbeitete Auflage und ergänzte Taschenbuchauflage, überarbeitet von Peter Schule und Jürgen Tibusek, Wuppertal: R. Brockhaus Verlag, 1999.

Bräuer, Tom, *Intellektuelle zwischen Kultur und Politik: Rollen und Funktionen im Nachkriegsdeutschland von 1945-1949,* 1. Auflage, Norderstedt: GRIN Verlag, Books on Demand GmbH, 2008.

Broese, Konstantin; Hütel, Andreas; Immel, Oliver; Reschke, Renate (Hrsg.), *Vernunft der Aufklärung – Aufklärung der Vernunft,* Berlin: Akademie Verlag, 2006.

Carstensen, Kai, Prof. Dr., *Krise der Weltwirtschaft, Gründe und Wirtschaftspolitische Konsequenzen*, ifo Insittut für Wirtschaftsforschung an der Universität München, Deutscher Bundestag: Kommissionsdrucksache 17 (26) 35, 9.5.2011.

Congar, Yves, *Wege des lebendigen Gottes,* übersetzt von Siglinde Summerer, Freiburg: Herder Verlag, 1964.

Dawkins, Richard, *Der Entzauberte Regenbogen, Wissenschaft, Aberglaube und die Kraft der Phantasie*, übersetzt von Sebastian Vogel, Hamburg: Rowohlt Verlag GmbH, 2000.

Dawkins, Richard, *Der Gotteswahn,* 7. Auflage, Berlin: Ullstein Verlag GmbH, 2009.

Der Bockhaus, *Religionen, Glauben, Riten, Heilige,* herausgegeben von der Lexikonredaktion des Verlags F.A. Brockhaus, Mannheim: Wissenschaftliche Buchgesellschaft, 2004.

Dtv-Altas zur Weltgeschichte, *Von den Anfängen bis zur Französischen Revolution,* , Originalausgabe, 26. Auflage, Band 1, München: Deutscher Taschenbuch Verlag GmbH & Co.KG, 1992.

Dtv-Altas zur Weltgeschichte, *Von der Französischen Revolution bis zur Gegenwart,* Originalausgabe, 25. Auflage, Band 2, München: Deutscher Taschenbuch Verlag GmbH & Co.KG, 1991.

Ecclesia Catholica, *Katechismus der katholischen Kirche: Neuübersetzung aufgrund der Editio Typica Latina*, deutsche Ausgabe, München: Oldenbourg Verlag, 2003.

Eickelpasch, Rolf; Rademacher, Claudia, *Identität: Themen der Soziologie*, Bielefeld: transcript Verlag, 2004.

Elberfelder Studienbibel, *mit Sprachschlüssel und Konkordanz,* 7. Gesamtauflage, 2. Auflage in 2010, Witten: SCM R. Brockhaus im SCM-Verlag GmbH & Co. KG, 2010.

Engels, Eva-Maria, *Charles Darwin,* München: C.H. Beck oHG Verlag, 2007.

Evely, Louis, *Manifest der Liebe, Das Vaterunser,* 7. Auflage, Freiburg: Herder Verlag 1961.

Feld, Helmut, *Ignatius von Loyola: Gründer des Jesuitenordens, eine Biographie*, Köln: Böhlau Verlag GmbH & Cie, 2006.

Fetz, Reto Luzius, *Shri Ramana Maharshi – Vom Ich zum Selbst,* Berlin: Lit Verlag, , 2006.

Filser, Hubert, *Dogma, Dogmen, Dogmatik: eine Untersuchung zur Begründung und zur Begründung und Entstehungsgeschichte, einer theologischen Disziplin von der Reformation bis zur Spätaufklärung,* Münster: Lit Verlag, 2001.

Förster, Wolfgang, *Humanismus*. In: Hans J. Sandkühler (Hrsg.): *Europäische Enzyklopädie zu Philosophie und Wissenschaften*, Band 2, F-K, Hamburg: Meiner Verlag, 1990.

Frenzel, Karolina; Müller, Michael; Sottong, Hermann, *Storytelling, die Kraft des Erzählens fürs Unternehmen nutzen*, München: Deutscher Taschenbuchverlag GmbH & Co.KG, München, 2006.

Frevert, Ute; Haupt, Heinz-Gerhard (Hrsg.), *Der Mensch des 20. Jahrhunderts*, Essen: Magnus Verlag GmbH, 2004.

Genfer Studienbibel, *Bibelkommentar und Schlachter Übersetzung,* deutsche Ausgabe, Holzgerlingen: Hänssler Verlag, deutsche Ausgabe 1999.

Gerhardt, Volker; Horstmann, Rolf-Peter, Schumacher, Ralph (Hrsg.), *Kant und die Berliner Erklärung: Akten über den IX. Internationalen Kant Kongress,* Band 4, Berlin: de Gruyter Verlag GmbH & Co.KG, 2001.

Gericke, Wolfgang, *Theologie und Kirche im Zeitalter der Aufklärung*, Berlin: Evangelische Verlagsanstalt, 1989.

Goldschnigg, Dietmar; Steinecke, Hartmut (Hrsg.), *Heine und die Nachwelt: Geschichte seiner Wirkung in den deutschsprachigen Ländern, Band 2 1907-1956,* Berlin: Erich Schmidt Verlag GmbH & Co., 2008.

Greschat, Martin, *Der Protestantismus in der Bundesrepublik Deutschland 1945-2005: Kirchengeschichte in Einzeldarstellung IV/2,* herausgegeben von Joachim Gäbler und Johannes Schilling, Leipzig: Evangelische Verlagsanstalt, 2010.

Grimm, Jacob und Wilhelm, *Deutsches Wörterbuch, Band 7, Vierter Band 4, I. Abteilung 4. Teil, Gewöhnlich – Gleve,* Hermann Wunderlich (Hrsg.), Fotomechanischer Nachdruck der Erstausgabe 1949, München: Deutscher Taschenbuchverlag, 1984.

Grün, Anselm; Marx, Reinhard; Zollitsch Robert; Schmidt, Jordana; Pech, Justinus C. (Hrsg.), *Freiheit und Verantwortung: Wegweisungen in Zeiten der Wirtschaftskrise,* Leipzig: St. Benno-Verlag GmbH, 2009.

Guthke, Karl Siegfried; Berthold, Helmut, *Lessings Horizonte, Grenzen und Grenzenlosigkeit der Toleranz: Kleine Schriften zur Aufklärung,* herausgegeben von der Lessing-Akademie, Göttingen: Wallstein Verlag, 2003.

Handbuch Konfliktlösungen, herausgegeben von der Akademie für Weltmission, Stand 29.03.2006.

Harting, Peter, *Das Mikroskop: Theorie-Gebrauch-Geschichte und gegenwärtiger Zustand desselben,* Braunschweig: Friedrich Vieweg und Sohn, 1859.

Hartmann, Martina, *Mittelalterliche Geschichte studieren,* 2. Auflage, Konstanz: UVK Verlagsgesellschaft mbH, 2007.

Hauschild, *Lehrbuch der Kirchen- und Dogmengeschichte Band 2: Reformation und Neuzeit,* 3. Auflage, Gütersloh: Gütersloher Verlagshaus, 2005.

Haverkarte, Görg, *Rechtsfragen des Leistungsstaates - Verhältnismäßigkeitsgebot und Freiheitsschutz im leistenden Staatshandeln,* Tübingen: J. C. B. Mohr Verlag, 1983.

Hein-Mooren, Klaus Dieter; Hirschfelder, Heinrich; Maier, Lorenz; Nutzinger, Eilhelm; Pfändtner, Bernhard; Schell, Reiner, *Von der Französischen Revolution bis zum Nationalsozialismus,* 1. Auflage 1994, Bamberg: C.C. Buchners Verlag, 1992.

Henke, Peter, *Gewissheit vor dem Nichts: Eine Antithese zu den theologischen Entwürfen Wolfhart Pannenbergs und Jürgen Moltmanns,* Berlin: Walter de Gruyter Verlag, 1974.

Himmelmann, Beatrix, *Kants Begriff von Glück,* Berlin: Walter de Gruyter Verlag GmbH & Co KG, 2003.

Hirschfeld, Dr. H.S., *Untersuchungen über die Religion: Erster Theil. Über das Wesen und Ursprung der Religion,* Breslau: Verlag von Johann Urban Kern, 1856.

Hoffmann, Hilmer; Krämer, Dietmar (Hrsg.), *Arbeit ohne Sinn? Sinn ohne Arbeit? Über die Zukunft der Arbeitsgesellschaft,* Weinheim: Beltz Athenäum, 1994.

Hofstede, Geert, *Lokales Denken, globales Handeln: Kulturen, Zusammenarbeit und Management,* München: Verlag C.H. Beck, 1997.

Hommes, Jakob, *Krise der Freiheit: Hegel – Marx – Heidegger,* Regensburg: Verlag Friedrich Pustet, 1958.

Honnefelder, Ludger, *Was soll ich tun, wer will ich sein? Vernunft und Verantwortung, Gewissen und Schuld,* Berlin: University Press, 2007.

Hutter, Manfred; Theobald, Michael, Faber, Eva-Maria, Kallis, Anastasio, *Art. 'Mysterium, I.-IV., in: Lexikon für Theologie und Kirche,* 3. Auflage, Herder 1993, Original von University of Michigan.

Jung, Martin, *Der Protestantismus in Deutschland von 1870-1945: Kirchengeschichte in Einzeldarstellungen III/5,* herausgegeben von Ulrich Gäbler, Gert Haendler, Johannes Schilling, Joachim Rogge, Leipzig: Evangelische Verlagsanstalt, 2002.

Junge, Matthias; Kron, Thomas (Hrsg.), *Zygmund Bauman, Soziologie zwischen Postmoderne, Ethik und Gegenwartsdiagnose,* 2. Erweiterte Auflage, Wiesbaden: VS Verlag für Sozialwissenschaften, 2007.

Kaiser, Otto, *Des Menschen Glück und Gottes Gerechtigkeit,* Tübingen: Mohr Siebeck Verlag, 2007.

Kant, Immanuel, *Critik der reinen Vernunft*, Riga: Hartknoch, 1794.

Käser, Lothar, *Fremde Kulturen. Eine Einführung in die Ethnologie,* 3. Auflage 2005, Bad Liebenzell: Verlag der Liebenzeller Mission, 2005.

Keil, Geert, *Willensfreiheit,* Walter de Gruyter GmbH & Co.KG, Berlin, 2007.

Keller, Timothy, *Warum Gott? Vernünftiger Glaube oder Irrlicht der Menschheit?,* 2. Auflage November 2010, Gießen: Brunnen Verlag Gießen und Basel, 2010.

Kilian , Joachim, *Leben aus dem Glauben: CVJM-Spiritualität in der Volkskirche,* Inaugural-Dissertation der Evangelisch-Theologischen Fakultät der Friedrich-Alexander-Universität Erlangen-Nürnberg: Bayern Marketing und Service GmbH, 1997

Kittsteiner, Heinz D., *Die Entstehung des modernen Gewissens,* 1. Auflage, Frankfurt und Leipzig: Insel Verlag, 1991.

Kleemann, Edineia, *Zur Bedeutung sozialer Anerkennung im Prozess der Identitätskonstruktion,* 1. Auflage, Norderstedt: Grin Verlag, Books on Demand GmbH, 2004.

Klessmann, Michael, *Pastoralpsychologie: Ein Lehrbuch*, Neukirchen-Vluyn: Neukirchener Verlag, 2004.

Klingner, Friedrich, *Römische Geisteswelt,* 3. Auflage, Hermann Rinn Verlag, München, 1956.

Kloß, Alexandra, *John Locke – Geschichte der Grundrechte,* 1. Auflage 2008, GRIN Verlag, Nordenstadt 2008.

Knaurs Lexikon, *8. Band Ha-In,* München: Deutscher Bücherbund Stuttgart, Lexikographisches Institut München, 1975.

Knaurs Lexikon, *12. Band Ma-Na,* München: Deutscher Bücherbund Stuttgart, Lexikographisches Institut München, 1975.

Knaurs Lexikon, *17. Band Sp-Ti,* München: Deutscher Bücherbund Stuttgart, Lexikographisches Institut München, 1975.

Knoblauch, Hubert, *Wissenssoziologie,* Konstanz: UVK Verlagsgesellschaft mbH, 2005.

Kondylis, Panajotis, *Die Aufklärung im Rahmen des neuzeitlichen Rationalismus,* Hamburg: Felix Meiner Verlag, 2002.

Kraus, Wolfgang, *Denken mit Immanuel Kant, eine Einführung in die Gedankenwelt des Vaters der modernen Philosophie,* Zürich: Diogenes Verlag AG, 2005.

Kubsch, Ron, *Die Postmoderne: Abschied von der Eindeutigkeit*, Thomas Schirrmacher (Hrsg.), Holzgerlingen: Hänssler Verlag, 2007.

Langer, Nicole, *Psychologie,* München: Compact Verlag, 2006.

Lenk, Hans, *Albert Schweitzer: Ethik als konkrete Humanität*, Münster: Lit Verlag, 2000.

Lindberg, Christensen Lars; Schilling, Govert, *Unser Fenster zum Weltraum, 400 Jahre Entdeckungen mit Teleskopen*, 1. Auflage, Weinheim: WILEY-VCH Verlag GmbH & Co. KGaA, 2009.

Markschies, Christoph, *Die Gnosis,* München: Verlag C.H. Beck oHG, 2001.

Martens, Ekkehard, *Ich denke als bin ich. Grundtexte der Philosophie,* 4. Auflage 2006, München: Verlag C.H. Beck oHG, 2000.

Matys, Thomas, *Macht, Kontrolle und Entscheidungen von Organisationen. Eine Einführung in organisationale Mikro-, Meso- und Markopolitik,* 1. Auflage, Hagener Studientexte zur Soziologie, Wiesbaden: VS Verlag für Sozialwissenschaften, 2006.

Mittle, Florian, *Der Glaube als letzte Sinnbestimmung: Maurice Blondels L'Action als Beitrag zur Moderne,* Wissenschaftliche Beiträge aus dem Tectum Verlag, Reihe Philosophie, Band 15, Marburg: Tectum Verlag, 2010.

Musolff, Hans-Ulrich; Jakobi Juliane, De Cam, Jean-Luc, *Säkularisierung vor der Aufklärung? Bildung, Kirche und Religion 1500-1750: Beiträge zur historischen Bildungsforschung Band 35,* begründet von Rudolf W. Keck, herausgegeben von Jürgen Bennack, Klaus Peter Horn, Rudolf W. Keck, Elke Kleinau, Michael Klöcker, Karin Priem, Köln: Verlag GmbH & Cie, 2008.

Müller, Philipp, *Freitod – die beste Lösung, eine Abrechnung mit der Lebens-Bejahung,* Norderstedt: Books on Demand GmbH, 2004.

Niesseler, Andreas, *Vom Ethos der Gelassenheit: zu Heideggers Bedeutung für die Pädagogik,* München/Würzburg: Königshausen und Neumann Verlag, 1995.

Noack, Dr. Ludwig, *Immanuel Kants Auferstehung aus dem Grabe,* Leipzig: Verlag von Otto Wiegand, 1861.

Nolte, Paul, *Die Ordnung der deutschen Gesellschaft: Selbstentwuf und Selbstbeschreibung im 20. Jahrhundert,* München: C.H. Beck Verlag, 2000.

Petersen, Thomas; Mayer, Tilman, *Der Wert der Freiheit, Deutschland vor einem neuen Wertewandel,* Freiburg im Breisgau: Herder Verlag, 2005.

Philipp, Thomas, *Wie heute glauben? Christsein im 21. Jahrhundert,* Freiburg im Breisgau: Herder Verlag GmbH, 2010.

Pütz, Peter, *Die deutsche Aufklärung,* 4. überarbeitete Ausgabe, Darmstadt: Wissenschaftliche Buchgesellschaft, 1991.

Rahner Karl, *Sämtliche Werke, Band 26, Grundkurs des Glaubens, Studien zum Begriff des Christentums,* herausgegeben von der Karl-Rahner-Stiftung, Freiburg im Breisgau: Herder Verlag, 1999.

Ratzinger, Joseph; Benedikt XVI, *Einführung in das Christentum*, Augsburg: Verlagsgruppe Weltbild GmbH, 2007.

Realencyclopädie für Protestantische Theologie und Kirche, begründet von J.J. Herzog, herausgegeben von Albert Hauck, Band 4, Christiani-Dorothea, 3. verbesserte und vermehrte Auflage, Leipzig: Hinrichs, 1898.

Reimer, Johannes, *Die Welt umarmen, Theologie des gesellschaftsrelevanten Gemeindebaus, Transformationsstudien, Band 1*, Marburg a.d.L.: Verlag der Francke-Buchhandlung GmbH, 2009.

Remberg, Annette, *Wandel des Hochzeitsbrauchtums im 20. Jahrhundert, dargestellt am Beispiel einer Mittelstadt: Eine volkskundlich-soziologische Untersuchung,* Münster: Waxmann, 1995.

Rendtorff, Trutz, *Theologie in der Moderne. Über Religion im Prozess der Aufklärung: Troeltsch-Studien, Band 5,* Gütersloh: Verlagshaus Gerd Mohn, 1991.

Rienecker, Fritz (Hrsg.): Lexikon zur Bibel: 2. Sonderauflage, Wuppertal und Zürich: R. Brockhaus Verlag, 1991.

Rienecker, Fritz, *Wuppertaler Studienbibel: Der Brief des Paulus an die Epheser,* Taschenbuch-Sonderausgabe, Wuppertal: Brockhaus, 1989.

Ringleben Joachim (Hrsg.), *Gottes Reich und menschliche Freiheit: Ritschl-Kolloquium (Göttingen 1989),* Göttinger theologische Arbeiten, Band 46, Zürich: Vandenhoeck & Ruprecht, 1990.

Röd, Wolfgang, *Der Weg der Philosophie von den Anfängen bis ins 20. Jahrhundert: Band 2, 17. bis 20. Jahrhundert,* überarbeitete Ausgabe, 1. Ausgabe 2000, München: C.H. Beck, 1996.

Röd, Wolfgang (Hrsg.); Poggi, Stefano, *Geschichte der Philosophie, Band X: Die Philosophie der Neuzeit, Positivismus, Sozialismus und Spiritualismus im 19. Jahrhundert,* München: C. H. Beck, 1989.

Ruster, Thomas, *Glauben macht den Unterschied: Das Credo,* München: Verlagsgruppe Random House GmbH, 2010.

Rüstow, Alexander, *Die Religion der Marktwirtschaft,* 3. Auflage 2009, Berlin: Lit Verlag Dr. W. Hopf, 2009.

Sailer-Pfister, Sonja, *Theologie der Arbeit vor neuen Herausforderungen: Sozialethische Untersuchungen im Anschluß an Marie-Dominique Chenu und Dorothee Sölle, Ehtik im theologischen Diskurs, Band 12,* Berlin: Lit Verlag, 2006.

Sander, August, *Menschen des 20. Jahrhunderts: Studienband,* herausgegeben von der photographischen Sammlung - SK Stiftung Kultur, Köln, 2001.

Schatz, Klaus, *Die Kirchengeschichte der Neuzeit II*, 3. Auflage, Düsseldorf: Patmos Verlag GmbH & Co. KG, 1989.

Schelling, Friedrich Wilhelm Joseph, *Philosophische Untersuchung über das Wesen der menschlichen Freiheit und die damit zusammenhängenden Gegenstände,* herausgegeben von Thomas Buchheim, Wissenschaftliche Buchgesellschaft Darmstadt, Hamburg: Felix Meiner Verlag GmbH, 1997.

Schilde Kurt; Hering, Sabine (Hrsg.), *Toleranz: Weisheit, Liebe oder Kompromiss? : multikulturelle Diskurse und Orte,* Opladen: Verlag Leske und Budrich, 2004.

Schmidt, Hans, *Verheißung und Schrecken der Freiheit: Von der Krise des antik-abendländischen Weltverständnisses dargestellt im Blick auf Hegels Erfahrung der Geschichte,* 1. Auflage, Stuttgart/Berlin: Kreuz-Verlag, 1964.

Schnabel, Eckhard J., *Urchristliche Mission*, Wuppertal: R. Brockhaus Verlag, 2002

Schneiders, Werner, *Das Zeitalter der Aufklärung,* 3. Auflage 2005, München: C.H. Beck oHG, 1997.

Schönke, Adolf; Schröder, Horst; Eser, Albin (Hrsg.): *Strafgesetzbuch. Kommentar.* 27. Auflage, München: Verlag C. H. Beck, 2006.

Schulz, Gerhard, *Die Sünde. Das schöne Leben und seine Feinde,* Wien: Carl Hanser Verlag München, 2006.

Schulz, Gerhard, *Die beste aller Welten. Wohin bewegt sich die Gesellschaft im 21. Jahrhundert?,* München: Carl Hanser Verlag, 2003.

Seegmüller, Michael, *Professor Varth`s Brainstormung. Drama in 10 Akten,* 3. Auflage, Norderstedt: Books on Demand, 2010.

Serwaty, Alois; Nicolay, Joachim (Hrsg.), *Nahtoderfahrung- neue Wege der Forschung: Tagungsbeiträge 2008,* Goch: Santiago Verlag Joachim Duderstadt e.K., 2009.

Sierszyn, Armin, *2000 Jahre Kirchengeschichte, Reformation und Gegenreformation, Band 3,* 4. Auflage, Holzgerlingen: Hänssler Verlag, 2000.

Sierszyn, Armin: *2000 Jahre Kirchengeschichte, die Neuzeit, Band 4,* Holzgerlingen: Hänssler Verlag, 2000.

Smolinsky, Heribert, *Kirchengeschichte der Neuzeit I*, 2. Auflage, Düsseldorf: Patmos Verlag, 2008.

Sperber, Herbert; Sprink, Joachim, *Internationale Wirtschaft und Finanzen,* München: Oldenbourg Wissenschaftsverlag GmbH, 2007.

Staudt, Bernd, *Freiherr von Knigge und seine Bedeutung heute: eine Retrospektive, Essay;* 1. Auflage, Norderstedt Germany: Grin Verlag für akademische Texte, 2008.

Teichner, Wilhelm, *Mensch und Gott in der Entfremdung oder die Krise der Subjektivität: Symposium 71, philosophische Schriftenreihe,* begründet von Max Müller, Bernhard Welte, Erik Wolf, herausgegeben von Robert Spaemann, Klaus Hemmerle, Alexander Hollerbach, München: Verlag Karl Alber GmbH Freiburg, 1984.

Theologische Realenzyklopädie: Studienausgabe, in Gemeinschaft mit Horst Robert Balz, herausgegeben von Gerhard Krause und Gerhard Müller: Teil 1, Band 13: *Gesellschaft und Christentum VI Gottesbeweise*, Berlin: de Gruyter Verlag, 1993.

Trapp, Manfred, *Politische Philosophie und politische Ökonomie: Abhandlungen zu den Wirtschaftlichen Staatswissenschaften, Band 28,* herausgegeben von Horst Claus Recktenwald, Göttingen: Vandenhoeck & Ruprecht Verlag, 1987.

Troeltsch, Ernst, *Schriften über die Bedeutung des Protestantismus für die moderne Welt (1906-1913),* München/Berlin: de Gruyter Verlag, 2001.

Troeltsch, Ernst, *Schriften zur Theologie und Religionsphilosophie (1888-1902), Band 1,* Berlin: de Gruyter Verlag, 2009.

Unger, Merrill F., *Ungers großes Bibelhandbuch,* überarbeitete deutsche Ausgabe, Bielefeld: CLV - Christliche Literatur-Verbreitung, 1990.

Weger, Karl-Heinz (Hrsg.), *Religionskritik von der Aufklärung bis zur Gegenwart: Autoren Lexikon von Adorno bis Wittgenstein,* Freiburg im Breisgau: Herder Verlag Freiburg – Basel - Wien, 1979.

Welsch, Wolfgang, *Unsere Postmoderne Moderne,* 6. Auflage, Berlin: Akademie Verlag GmbH, 2002.

Wirsching, Andreas, *Die Weimarer Republik, Politik und Gesellschaft,* München: Odenbourg Wissenschaftsverlag, 2000.

Wisser, Richard, *Vom Weg-Charakter philosophischen Denkens: geschichtliche Kontexte und menschliche Kontakte,* Würzburg: Königshausen und Neumann Verlag, 1998.

Wommack, Andrew, *Geist, Seele und Körper,* 3. Auflage 2009, Andrew Wommack Ministries, Europe, England, 2007.

Zahradnik, Frauke, *Irritation der Wirklichkeit,* Münster: Lit Verlag, 2007.

Magazine und Zeitschriften

Der Spiegel, *Geschichte: Die Geburt der Moderne. Zeitenwende um 1500. Als die Welt sich neu erfand,* Nr. 5 in 2009, SPIEGEL-Verlag Rudolf Augstein GmbH & Co. KG, 2009.

Focus Magazin, *Ich: Die beste Medizin der Welt, Das Wunder Selbstheilung,* Ausgabe vom 25.07.2011, München: Focus Magazin Verlag GmbH.

Frankfurter Allgemeine *Sonntagszeitung*: Artikel „Soll es überhaupt noch ein ärztliches Ethos geben?“, Ausgabe: Donnerstag, 31.03.2011, Nr. 76.

Henke, Adolph, *Zeitung für die Staatsarzneikunde, Band 73-74,* Erlangen, Verlag von J.J. Palm und Ernst Enke, 1857.

Pro – *Christliches Medienmagazin*, herausgegeben vom Christlichen Medienverbund, KEP e.V. Wetzler, Ausgabe April 2010.

Pro – *Christliches Medienmagazin*, herausgegeben vom Christlichen Medienverbund, KEP e.V. Wetzler, Ausgabe Februar 2011.

Psychotherapeutenjournal, Ausgabe 4/2011, Seite 329-416, Heidelberg, Medhochzwei Verlag GmbH, 15.12.2011.

Internetseiten/Online-Dokumente

- http://www.aidshilfe.de/de/infothek/hiv-zahlen, 12.09.2011.
- http://www.alt.dbk.de/katechismus/index.php, 20.09.2011.
- http://www.bible-only.org/german/handbuch/Idealismus.html, 12.09.2011.
- http://www.bundestag.de/dokumente/rechtsgrundlagen/grundgesetz/gg_01.html,20.06.2011.
- http://www.bundestag.de/dokumente/rechtsgrundlagen/grundgesetz/index.html, 20.06.2011.
- http://www.derwesten.de/nachrichten/scheidungsrate-in-deutschland-so-hoch-wie-nie-zuvor-id5057258.html, 28.12.1011.
- http://de.statista.com/statistik/daten/studie/937/umfrage/essstoerungen-bei-maedchen/, 20.12.2011.
- http://www.destatis.de/jetspeed/portal/cms/Sites/destatis/Internet/DE/Content/Statistiken/Gesundheit/Aktuell.psml, 13.09.2011.
- http://www.destatis.de/jetspeed/portal/cms/Sites/destatis/Internet/DE/Presse/pm/2008/08/PD08__307__122,templateId=renderPrint.psml, 28.12.2011.
- http://www.dge.de/modules.php?name=News&file=article&sid=308, 12.09.2011.
- http://www.dw-world.de/dw/article/0,,4267141,00.html, 20.05.2009, 13.09.2011.
- http://www.ekd.de/presse/774.html, 20.08.2011
- http://www.facebook.de, 13.09.2011.
- http://www.faz.net/artikel/C30833/facebook-das-ganze-leben-wird-zur-online-show-30723709.html, 26.09.2011.

- http://www.faz.net/artikel/C30923/grundsatzurteil-bgh-staerkt-recht-auf-selbstbestimmtes-sterben-30279572.html, 13.09.2011.
- http://www.faz.net/artikel/C31325/humanitaere-hilfe-vom-geld-kommt-kaum-etwas-an-30475069.html, 12.09.2011.
- http://www.faz.net/s/RubB08CD9E6B08746679EDCF370F87A4512/Doc~E094F16015DB24ABF8EDB3D7300729106~ATpl~Ecommon~SMed.html, 12.09.2011.
- http://www.fernsehserien.de/index.php?serie=2296, 28.07.2011.
- http://www.finanznachrichten.de/nachrichten-2010-08/17662234-statistik-hohe-kosten-durch-demenz-und-depressionen-003.htm, 12.09.2011.
- http://www.focus.de/finanzen/boerse/kurz-erklaert-was-ist-ein-hedge-fonds_aid_509425.html, 18.05.2010.
- http://www.focus.de/gesundheit/arzt-klinik/reha-pflege/tid-18799/sterbehilfe-ein-letzter-weg-in-wuerde_aid_523231.html, 11.09.2011.
- http://www.focus.de/gesundheit/ratgeber/psychologie/news/soziale-netzwerke-aerzte-warnen-vor-facebook-depression_aid_614154.html, 12.09.2011.
- http://www.fr-online.de/politik/verlorene-schafe/-/1472596/3056752/-/index.html, Frankfurter Rundschau, Artikel vom 24.04.2010, 30.06.2011.
- http://gesundheitsnews.imedo.de/news/101445-penizillin-wird-80-jahre-ein-segen-fur-die-menschheit, 13.09.2011.
- http://www.google.de/realtime?hl=de&tab=wY, 30.06.2011.
- http://gruene-rlp.de/themen, 20.06.2011.
- http://www.historicum.net/themen/franzoesische-revoluti-on/einfuehrung/wirkungsbereiche/art/VI_Auswirkunge/html/artikel/497/ca/0bf3d0c1814a542fb84bca6a3996ddb4/, 12.09.2011.
- http://www.hr-onli-ne.de/website/suche/home/mediaplayer.jsp?mkey=43444268&xtmc=Wiesbaden&xtcr=2, 17.12.2011.
- http://koptisch.wordpress.com/2010/05/07/robert-spaemann-uber-die-auferstehung-glaubenszweifel-die-holle-und-das-ewige-leben/, 30.06.2011.
- http://www.krebshilfe.de/ueber-krebs.html, 13.09.2011.

- http://www.new-age.de/, 13.09.2011.
- http://www.prosieben.de/tv/germanys-next-topmodel/, 11.09.2011.
- http://www.psychiatrie.de/internet/article/flucht_in_virtuelle_welten.html, 28.07.2011.
- http://www.rtl.de/cms/sendungen/superstar.html, 11.09.2011.
- http://www.spiegel.de/spiegel/print/d-9140804.html, Artikel vom 23.12.1996, 12.09.2011.
- http://www.stern.de/wissen/natur/50-jahre-entdeckung-der-dna-die-entdecker-des-molekuels-504439.html, 13.09.2011.
- http://www.tagesschau.de/inland/kirchenaustritte102.html, April 2011, 12.09.2011.
- http://www.uni-protokolle.de/Lexikon/Nationaler_Ethikrat.html, 27.09.2011.
- http://www.welt.de/print/welt_kompakt/webwelt/article11279345/Die-neue-Vernunft-im-Internet.html, Artikel vom 29.11.2010, 12.09.2011.
- http://www.wiwo.de/technik-wissen/bundesregierung-lehnt-experimente-mit-misch-embryonen-ab-293467/, 11.09.2011.
- http://www.zeit.de/politik/2011-12/krise-europa-usa, 14.12.2011.

Abkürzungsverzeichnis

Allgemein

bspw.	beispielsweise
bzw.	beziehungsweise
e. g.	exempli gratia (for example)
etc.	Latein: et cetera (= und so weiter)
f.	folgende (Seiten)
ff.	folgenden Seiten
Hrsg.	Herausgegeben, Herausgeber
i. V. m.	in Verbindung mit
Jh.	Jahrhundert
m. E.	meines Erachtens
n. Chr.	nach Christus
u. a.	und anderes, unter anderem
usw.	und so weiter
u. v. m	und viele(s) mehr
v. a.	vor allem
v. Chr.	vor Christus
vgl.	vergleiche
z. B.	zum Beispiel

Abkürzung biblischer Bücher

Altes Testament

1Mose	1. Mose
2Mose	2. Mose
3Mose	3. Mose
4Mose	4. Mose
5Mose	5. Mose
Ri	Richter
Rut	Rut
1Sam	1. Samuel
2Sam	2. Samuel
1Kö	1. Könige
2Kö	2. Könige
1Chr	1. Chronik
2Chr	2. Chronik
Esra	Esra
Neh	Nehemia
Est	Esther
Hiob	Hiob
Ps	Psalm
Spr	Sprüche
Pred	Prediger
Hhl	Hohelied

Neh	Nehemia
Jes	Jesaja
Jer	Jeremia
Klgl	Klagelieder
Hes	Hesekiel
Dan	Daniel
Hos	Hosea
Joel	Joel
Am	Amos
Obd	Obadja
Jona	Jona
Mi	Micha
Nah	Nahum
Hab	Habakuk
Zef	Zefania
Hag	Haggai
Sach	Sachharja
Mal	Maleachi

Neues Testament

Mt	Matthäus
Mk	Markus
Lk	Lukas
Joh	Johannes
Apg	Apostelgeschichte
Röm	Römer
1Kor	1. Korinther
2Kor	2. Korinther
Gal	Galater
Eph	Epheser
Phil	Philipper
Kol	Kolosser
1Thess	1. Thessalonicher
2Thess	2. Thessalonicher
1Tim	1. Timotheus
2Tim	2. Timotheus
Tit	Titus
Phlm	Philemon
Hebr	Hebräer
Jak	Jakobus
1Petr	1. Petrus
2Petr	2. Petrus
1Joh	1. Johannes
2Joh	2. Johannes
3Joh	3. Johannes
Jud	Judas
Offb	Offenbarung

Printed by Books on Demand GmbH, Norderstedt / Germany